ANTIMANUAL
DAS RELIGIÕES

Dados Internacionais de Catalogação na Publicação (CIP)
(Câmara Brasileira do Livro, SP, Brasil)

Banon, Patrick
　Antimanual das religiões : para acabar com as contraverdades / Patrick Banon ; tradução Monica Stahel. – Petrópolis, RJ : Vozes, 2022.

Título original: Anti-manuel des religions
Bibliografia.
ISBN 978-65-5713-544-0

1. Preconceitos religiosos 2. Religiões abraâmicas – Opinião pública 3. Religiões abraâmicas – Nas representações sociais I. Título.

22-106041　　　　　　　　　　　　　　　　　　CDD-306.6

Índices para catálogo sistemático:
1. Religiões : Aspectos sociais : Sociologia religiosa　　306.6

Aline Graziele Benitez – Bibliotecária – CRB-1/3129

PATRICK BANON

ANTIMANUAL DAS RELIGIÕES

PARA ACABAR
COM AS CONTRAVERDADES

Tradução de Monica Stahel

EDITORA
VOZES

Petrópolis

© Éditions de l'Observatoire / Humensis, 2018.

Tradução realizada a partir do original em francês intitulado *Anti-manuel des religions. Pour en finir avec les contrevérités*

Direitos de publicação em língua portuguesa – Brasil:
2022, Editora Vozes Ltda.
Rua Frei Luís, 100
25689-900 Petrópolis, RJ
www.vozes.com.br
Brasil

Todos os direitos reservados. Nenhuma parte desta obra poderá ser reproduzida ou transmitida por qualquer forma e/ou quaisquer meios (eletrônico ou mecânico, incluindo fotocópia e gravação) ou arquivada em qualquer sistema ou banco de dados sem permissão escrita da editora.

CONSELHO EDITORIAL

Diretor
Gilberto Gonçalves Garcia

Editores
Aline dos Santos Carneiro
Edrian Josué Pasini
Marilac Loraine Oleniki
Welder Lancieri Marchini

Conselheiros
Francisco Morás
Ludovico Garmus
Teobaldo Heidemann
Volney J. Berkenbrock

Secretário executivo
Leonardo A.R.T. dos Santos

Editoração: Fernando Sergio Olivetti da Rocha
Diagramação: Sheilandre Desenv. Gráfico
Revisão gráfica: Alessandra Karl
Capa: Rafael Nicolaevsky

ISBN 978-65-5713-544-0 (Brasil)
ISBN 978-10-329-0153-3 (França)

Este livro foi composto e impresso pela Editora Vozes Ltda.

*A verdade pertence aos que a procuram
e não aos que pretendem detê-la.*

Nicolas de Condorcet. *Discours sur les
conventions nationales,* 1791.

Sumário

Preâmbulo – As contraverdades usurpam as aparências do verdadeiro, 9

Equívocos sobre o religioso, 13

1 "O século XXI será religioso ou não será", 15

2 O mundo é cada vez menos religioso, 17

3 Todas as religiões condenam a homossexualidade, 21

4 As religiões são misóginas, 33

5 Eva foi a primeira mulher, 39

6 A laicidade é um escudo contra as religiões, 42

7 A laicidade é um culto republicano, 44

8 Os signos religiosos podem ser proibidos por princípio na empresa, 47

9 Todas as religiões são religiões de amor e de paz, 50

10 Houve uma época áurea na Andaluzia em que judeus, cristãos e muçulmanos viviam em harmonia, 53

11 As religiões monoteístas sacralizam a violência, 57

Equívocos sobre o judaísmo, 63

12 Os judeus são canibais, 65

13 O uso da quipá é uma obrigação do judaísmo, 72

14 A circuncisão é um rito próprio do judaísmo, 75

15 O judaísmo se transmite pela mãe, 81

16 O consumo de carne de porco é proibido por razões de higiene, 83

17 Todos os israelenses são judeus, 87

18 O Monte do Templo não pertence ao patrimônio do judaísmo, 89

19 Os judeus têm dinheiro, 93

Equívocos sobre o cristianismo, 97

20 Jesus não existiu, 99

21 Jesus não morreu na cruz, 104

22 Jesus era cristão, 110

23 Jesus não era circuncidado, 114

24 Jesus era solteiro, 116

25 Jesus vivia na Palestina, 124

26 Jesus falava latim, 127

27 Jesus é um profeta muçulmano, 131

28 Uma mulher travestida de homem foi eleita papa, 136

29 Há uma história de amor homossexual no âmago de um evangelho, 140

Equívocos sobre o Islã, 143

30 Todos os muçulmanos são árabes, 145

31 O Corão foi escrito por Maomé, 147

32 O Profeta Maomé foi para Jerusalém, 150

33 O Islã proíbe representar Maomé, 153

34 O véu das mulheres é um dos pilares do Islã, 160

35 O Islã logo será a primeira religião do mundo, 164

36 Todos os terroristas são muçulmanos, 167

37 *Allahu Akbar!* é um grito de guerra, 170

38 O salafismo é o Islã devoto de referência, 172

39 As orações de rua são ilegais, 176

40 O Islã é incompatível com a laicidade, 178

Preâmbulo

As contraverdades usurpam as aparências do verdadeiro[1]

Ao contrário do que nos agrada acreditar, a razão não distingue de imediato o verdadeiro do falso. O primeiro não cintila e o segundo não se reveste de trevas. O artifício tem um brilho enganador que nos atrai e nos seduz, ao passo que a verdade, envolvida em sua dignidade, necessita de verificações para ser reconhecida. Sêneca já se preocupava, no século I, com que "o falso, neste mundo, não conhece[sse] nenhum limite"[2].

Vamos manter nossa capacidade de julgamento e desenvolver nosso espírito crítico. Não vamos aderir a tudo o que nos dizem ou que está escrito! Caso contrário, o próprio mundo real seria ilusório, injusto e desprovido de sentido, uma além-sociedade em que "não haveria oposição entre o mundo verdadeiro e o mundo aparente". Uma sociedade que Friedrich Nietzsche via como sedutora e cruel, em que a mentira seria necessária à vida[3]. Mas já não será esse o caso?

As contraverdades concernentes às religiões propagam-se mais rapidamente do que as certezas. Cuidado com os equívocos! Nascidos de informações truncadas e às vezes de uma estratégia de manipulação, eles atravessam os séculos. Insensíveis à razão, carregados

---

1. CHRISTINE DE SUÈDE. *Maximes et pensées* [Cristina da Suécia. *Máximas e pensamentos*], 1682.

2. SÊNECA. *Cartas a Lucílio.*

3. Cf. Nietzsche, F. *Fragments posthumes* [Fragmentos póstumos], 1887-1888, p. 11, 415.

de emoções, invertem os valores. Irredutível, esse burburinho agrada a nosso cérebro reptiliano e torna plausível o que é improvável.

Os estereótipos e os preconceitos resultantes são os atalhos que nosso espírito encontra para selecionar e classificar o mais rapidamente possível e com o menor esforço os dados que recebemos. Frequentemente, então, tiramos conclusões precipitadas. Assim, o falso que nos assegura assemelha-se a uma verossimilhança que nos convém. E, segundo o poeta latino Horácio, tudo o que é infinitamente repetido acaba por agradar[4].

As religiões, pela própria essência de seus propósitos, pela emoção que suscitam e por seu papel central na organização de nossas sociedades, são o alvo das mais espantosas fantasias. Como restabelecer, então, uma verdade sobre um assunto que não oferece nenhuma?

No momento da globalização das religiões e da desterritorialização das culturas, uma diversidade de tradições, de ritos e de confissões provindos de todos os países inventa um novo mundo, mais rico por suas diferenças, mas também mais assustador pela concorrência de suas morais e pela fragilidade das identidades individuais. "Nenhuma sociedade é fundamentalmente boa, mas nenhuma é absolutamente má", escrevia Claude Lévi-Strauss em *Tristes trópicos*. Cristalizam-se então os receios de ver sua identidade se fragmentar e suas próprias tradições se dissolverem em outros estilos de vida, ao mesmo tempo distantes e muito próximos.

Vindas dos mais antigos tempos para lembrar que "antes era melhor", as contraverdades sonham com uma época de ouro que nunca existiu. Fingem esquecer que os mitos e os lugares sagrados, nascidos mais da geografia do que da teologia, sempre foram objeto de estratos sucessivos de espiritualidade. Nenhum local, nenhum mito ou dogma nasceu exclusivamente de uma religião; ao contrário, cada um sempre resultou do cruzamento de várias confissões.

Por suas mentiras sacrificiais, as contraverdades sobre as religiões procuram primeiro desumanizar a outra, a fim de a excluir de seus territórios espirituais. Ignorando os fatos reais para incitar

---

4. Inspirado no verso 365 de *A arte poética*, de Horácio (658 a.C.).

mais a miragem de uma decadência, elas alimentam profusamente os ódios, sem nunca oferecerem perspectiva de paz.

"Jesus não morreu na cruz", "os hebreus eram uma horda de leprosos expulsos do Egito", "canibais, os judeus eram conhecidos por capturar viajantes e banquetear-se com eles", "Jesus era solteiro", "a Bíblia condena os homossexuais", "uma mulher fazendo-se passar por homem foi eleita papa", "o Muro das Lamentações não é o lugar mais sagrado do judaísmo", "os monoteísmos sacralizam a violência", a Palestina existia antes do reino de Israel", "o véu é uma tradição própria do Islã", "Jesus não existiu"... Os equívocos sussurram em nossas sociedades até tornarem a verdade inaudível. Um burburinho que se propaga a poder de narrativas sedutoras e de mexericos assustadores.

Tão repetidos ao longo dos séculos a ponto de se tornarem tabus inabaláveis, os ódios e as contraverdades alimentam o antissemitismo, o medo do Islã, o ódio ao cristianismo, a desconfiança da laicidade, a caricatura das religiões. Fontes de todos os males, têm o poder de espoliar de sua humanidade os mais altruístas e de civilizar as piores maledicências. Hoje, os equívocos são amplificados pela internet e pela força das redes sociais. Muitos *hoax* (notícia falsa) se propagam com a velocidade de um clique. As *fake news* semeiam a dúvida. Sem perceber, entramos no mundo da pós-realidade, onde só parece verdadeiro o que é mais falado. Negação das narrativas que forjam as nações, os diz que diz que atiçam os estereótipos. Os mexericos são valorizados. Pior! A mentira agrada. A contraverdade seduz. Ébrio de ignorância, cada um quer acreditar nas verdades alternativas que tranquilizam e que – imagina-se – tornam mais inteligente.

As religiões, como uma névoa que envolve nosso mundo, não se movem apenas entre magia, mitologia e espiritualidade. Essa zona fluida que abrange ao mesmo tempo nossos medos e nossas esperanças, na fronteira entre o imaginário e o real, permite as piores interpretações do mundo. Até a palavra divina é submetida à censura humana. Suas palavras, embora de vocação eterna, são traduzidas, interpretadas e muitas vezes deformadas conforme as circunstâncias do momento.

As religiões também agem, portanto, às claras. Organizam as sociedades, gerem os relógios, dão um sentido às diferenças entre as pessoas, separam o puro do impuro, o sagrado do profano e a vida da morte. Também aqui, as afirmações são reinterpretadas infinitamente, capazes de fazer jorrar trevas da luz.

Os tabus como limites da sociedade, os mitos como moral, os signos como alfabeto, não se conhece grupo humano sem religião. Não se conhece lei de estado que não seja inspirada em leis religiosas[5]. As religiões, assim, encontram-se na interseção das prioridades humanas. Deixam clara a assimetria social do feminino e do masculino, matriz de todas as formas de alteridade. Definem quem é o outro, o estranho estrangeiro, aquele ou aquela que não se assemelha a mim, o impuro, o canibal, fonte de caos. Editam o que convém comer e os períodos em que se deve jejuar. Traçam as fronteiras do pudor e do impudor, dizem quem se deve desposar e quando são permitidas as relações sexuais – tornando o casal terreno um trio: a mulher, o homem e a divindade debruçada sobre seu leito conjugal. De fato, as religiões estruturam tanto nossa existência terrena quanto nossa vida celeste. É entre essas duas regiões que se introduzem os equívocos. Indo habilmente de um espaço ao outro, fazem das contraverdades a Verdade.

Mas renunciar ao verdadeiro já não é mentir? Albert Einstein lembrava que "quem quer que pretenda erigir-se em juiz da Verdade e do saber expõe-se a perecer sob as gargalhadas dos deuses, uma vez que [...] só conhecemos a representação que fazemos deles [da Verdade e do saber]". Então, para evitar tornar-me culpado também de produzir contraverdades, escolhi não oferecer nesta obra opiniões sem razão nem defender verdades alternativas, preferindo fornecer chaves de compreensão que permitam a cada um desvendar a verdade e formar uma opinião.

Através de uma seleção dos equívocos mais difundidos sobre as religiões, este antimanual pretende trazer elementos para desconstruir seus mecanismos, voltar às suas origens, restabelecer os fatos e, assim, convidar cada um a se libertar do pensamento pronto.

---

5. ROUSSEAU, J.-J. *Du contrat social* – Livre IV, chapitre 8: "De la religion civile" [*Do contrato social* – Livro IV, capítulo 8: "Da religião civil"], 1762.

EQUÍVOCOS
SOBRE O RELIGIOSO

Contraverdade n. 1

"O século XXI será religioso ou não será"

Repetida infinitamente como um teorema, parafraseada para dar a uma opinião pessoal um tom de suspeita de verdade, essa profecia, atribuída erroneamente a André Malraux, não tem nenhum fundamento científico. "Atribuíam a mim ter dito que o século XXI seria religioso. Nunca o disse, pois não sei nada sobre isso", declarou o ministro da Cultura em 1955, numa entrevista publicada no número 49 da revista *Preuves*. "O problema capital do fim do século XX será o problema religioso", ele corrigiu, não excluindo, num tom de maior incerteza, "a possibilidade de um evento espiritual em escala planetária".

Um equívoco pode escapar ao primeiro envolvido. André Frossard, jornalista do *Figaro*, afirmou em *Le Point* de 5 de junho de 1993 ter ouvido a tal frase ser pronunciada diante dele por André Malraux, durante uma conversa em seu gabinete do ministério. Ele não disse: "O século XXI será religioso... ou espiritual...", mas "o século XXI será místico ou não será", afirmou o jornalista.

Tal como uma fórmula mágica, a expressão foi retomada para promover diversas causas, muitas vezes sem ligação entre si: "O século XXI será feminino ou não será"[6], "o século XXI será verde ou não será"[7], "o século XXI será ambientalista ou não será [...]"[8].

---

6. *The need for a theology of the minority* [A necessidade de uma teologia da minoria] [Disponível em http://www.africangeopolitics.org/show.aspx?ArticleId=3117 – Acesso em 12/05/2007].

7. *The 21st century will be green, or will not be at all!* [O século XXI será verde ou não será de modo nenhum] [Disponível em http://www.changementsclimatiques.qc.ca/se cretariat/index.html?page=salledepresse&spage=communiques&item=1026e – Acesso em 13/08/2007].

8. Disponível em http://www.ecologie.gouv.fr/conference/?Discours-de-Jose-Manuel-Durao – Acesso em 31/03/2007.

Na realidade, essa fórmula é bem anterior a André Malraux. Um século antes, em 13 de novembro de 1872, Adolphe Thiers declarava na Câmara dos Deputados: "A República será conservadora ou não será". A construção *será ou não será* tem tudo de um equívoco profético, uma contraverdade em essência, uma vez que a Assembleia Nacional deixará de confiar em Thiers e elegerá no ano, para a presidência da República, o Príncipe Mac Mahon, um monarquista.

Contraverdade n. 2
O mundo é cada vez menos religioso

Contrariando um equívoco muito ocidental, o desaparecimento das religiões não está na ordem do dia. Se elas se desconstroem, é para melhor se reinventarem. Não contar com a capacidade que o religioso tem de se regenerar perpetuamente seria suicidário para uma sociedade secularizada.

Os que acreditaram que "o reino das religiões [estava] atrás de nós", decerto enxergavam o desligamento entre os cultos e os negócios do Estado através do prisma francês, com apenas 50% dos cidadãos declarando-se crentes ou praticantes de uma confissão e 82% atribuindo a vida espiritual à esfera privada[9]. No século XIX, Karl Marx e Max Weber imaginavam que a religião seria, a curto prazo, relegada à categoria de um comportamento pensado como "primitivo"; Henri Heine já ouvia os sinos dos "sacramentos de um deus que está morrendo"[10]; Friedrich Nietzsche lamentava-se: "Deus morreu! Deus está morto! E fomos nós que o matamos!"[11], profetizando o fim dos códigos morais e teológicos ligados ao cristianismo. "O mundo futuro dirá se ainda há necessidade de Deus"[12],

---

9. Observatoire France Sociovision, 2014-2015.

10. HEINE, H. De l'Allemagne depuis Luther [Da Alemanha a partir de Lutero]. *Revue des Deux Mondes*, n. 4, 1834.

11. NIETZSCHE, F. *Le Gai Savoir* [*Die fröhliche Wissenschaft*, 1882] [*A gaia ciência*]. LG Flammarion, 1993.

12. VERRET, M. *Les marxistes et la religion*. Éd. Sociales, 1961 [*Os marxistas e a religião*, 1975].

escrevia Michel Verret em 1961. Esse sociólogo engajado terá uma resposta que não esperava.

Não existe nenhuma comunidade humana conhecida que não se tenha instituído e organizado com base em fenômenos religiosos. Os sistemas de pensamento aferentes assim como a relação coletiva com o sagrado e com as tradições continuam sendo elementos constitutivos da vida social. Hoje, só 16% da humanidade define-se como não filiados a uma religião, dos quais quase a metade na Europa e apenas 1% no Oriente Próximo e na África do Norte. Aproximadamente 80% da população mundial refere-se aos quatro principais grupos confessionais: o cristianismo (cerca de 32%), o Islã (cerca de 24%), o hinduísmo (15%) e o budismo (7%)[13].

A globalização alterou as referências civilizacionais, mas as religiões, desarraigadas, se adaptam. Verdadeiros camaleões, tomam a forma da paisagem cultural que as cerca. De um território para outro, elas se reconfiguram. De um povo para outro, se renovam. De uma tradição para outra, recompõem-se, nem exatamente as mesmas nem exatamente inéditas.

Em projeção para 2050, as populações das religiões aumentarão...

A utilização hoje difundida da locução "fato religioso" dá a impressão enganosa de que as religiões irromperam num mundo inteiramente secularizado. No entanto, elas sempre estiveram presentes e fizeram parte da edificação de nossas sociedades. Em outros tempos, estas se organizavam em torno de um povo, de seu território e de sua divindade protetora. O que é novo, não é o religioso, mas a coexistência de uma diversidade cultural e confessional num território compartilhado, que não é necessariamente, portanto, o de sua emergência.

Longe de ser a sobrevivência de um pensamento arcaico, o religioso é uma realidade contemporânea que, através do mundo, estrutura a existência individual e coletiva. O desaparecimento dos cultos,

---

13. PEW RESEARCH CENTER. *Tableau des religions à horizon 2050* [Quadro das religiões, projeção para 2050], 2015.

portanto, não é para agora e sem dúvida não será para os séculos vindouros. Ao contrário do que geralmente se pensa, a população religiosa não está declinando; contam-se duas vezes mais crentes do que não crentes no planeta, ao passo que dois terços da população com menos de 34 anos mencionam sua fé, contra 60% nas outras faixas etárias. O Islã deveria assistir a um aumento de 73% do número de seus fiéis daqui até 2050; o cristianismo, de 35%; o hinduísmo, de 34%; e o judaísmo, de 16%.

...mas os ateus serão menos numerosos...

A questão da fecundidade feminina está mais no cerne dessas estatísticas do que uma suposta crise de crescimento espiritual. O nível de educação das mulheres, seu acesso a uma carreira profissional e à independência econômica são elementos essenciais de sua liberdade de escolha familiar quanto à idade do casamento e ao número de filhos. A média da assim chamada "substituição geracional" é de 2,1 filhos por mulher. As populações muçulmanas apresentam uma taxa de 3,1 filhos por mulher contra 2,7 para os cristãos, 2,4 para os hinduístas e 2,3 para os judeus. Nem os budistas nem os não filiados atingem o limiar de renovação.

Um estudo do Pew Research Center (instituição estadunidense conhecida por suas estatísticas nessa área) sobre a evolução das religiões projetada para 2050 mostra um crescimento para quase todos os grupos religiosos, exceto o budismo (-0,3%); entre 2010 e 2050, o cristianismo deveria passar de 2,2 bilhões para quase 3 milhões de fiéis. O Islã poderia contar, nessa mesma data, 2,76 bilhões de crentes contra 1,6 bilhão em 2010, impondo-se como a religião de maior dinâmica demográfica. O hinduísmo avançaria de 1 bilhão para 1,4 bilhão de representantes e o judaísmo, de 14 milhões para 16,1 milhões de indivíduos.

Essa projeção indica, além disso, uma redução de ateus, de agnósticos e de "não filiados", cujo número baixaria de 16% para 13% da população mundial, com uma maioria na Europa do Oeste e na China. Segundo a pesquisa *Les valeurs des europé*ens [Os valores dos europeus], realizada em 2008 por encomenda da Comissão Europeia, 20% dos franceses identificam-se como "ateus convictos", contra apenas 8% dos europeus, e 39% declaram-se indiferentes ao religioso, contra 30% dos europeus. A *a*-religiosidade aparece, portanto, como norma na França e a prática religiosa é percebida como um comportamento paradoxal.

...e a maioria do mundo será de inspiração bíblica

Cristianismo e Islã, cada um representando cerca de 30% da população total, deveriam reunir um número equivalente de fiéis. Os três cultos monoteístas de inspiração bíblica reuniriam então 60% dos crentes em escala planetária.

Nem todas as religiões têm a experiência do pluralismo cultural num mesmo território. A maioria se concentra em algumas regiões: 50% dos cristãos se distribuem, assim, por 11 regiões do globo; 53% dos muçulmanos, por 6 regiões; 94% dos hinduístas vivem na Índia e são recenseados 50% dos budistas na China[14]. Por mais que a Europa do Oeste aposte na secularização, as populações migrantes (34% das migrações mundiais) não deixam suas bagagens espirituais na fronteira e entram em territórios europeus democráticos e multiculturais, em que a liberdade de religião e de culto é protegida e garantida pela Constituição.

A questão da harmonização do viver junto tende, portanto, a se colocar perpetuamente.

---

14. PEW RESEARCH CENTER. *Global Religions Landscape* [Panorama global das religiões], 2014.

Contraverdade n. 3

Todas as religiões condenam a homossexualidade

A sexualidade é um domínio movediço, que evolui de acordo com as circunstâncias sociais, as regiões e os acontecimentos vividos por uma população. Não pode haver dogmas sobre essa questão. Os textos bíblicos, mesopotâmicos, budistas ou corânicos não são fixos, são móveis. Frequentemente ambíguos, requerem uma leitura histórica ou crítica constantemente renovada. Não devemos acreditar, portanto, em tudo o que o equívoco nos traz do fundo das eras. Escritos feitos em outros tempos foram interpretados pelo prisma do que seus leitores queriam ver neles. Em matéria de homossexualidade, os preconceitos têm o poder de fazer tomar gato por lebre...!

A utilização do termo "homossexualidade" para caracterizar os vínculos amorosos e íntimos entre pessoas do mesmo sexo num contexto religioso já é portadora de contraverdades. Essa palavra austríaca surgida no fim do século XIX – portanto, não existe nem no Antigo Testamento nem no Novo Testamento –, de origem médica equivocada, dá a impressão de uma patologia, ao passo que se trata de relações atestadas e socialmente aceitas há milênios, através das sociedades. Das tábulas mesopotâmicas aos papiros egípcios, as descrições das uniões sexuais não se enredam em pudicícia. Nem as mitologias nem as narrativas bíblicas condenam as ligações homossexuais com base em critérios moralistas. Nelas as relações heterossexuais não são designadas como "normais" em oposição às relações homossexuais, que tampouco são qualificadas de "anormais". A noção de orientação sexual é invenção de nossas sociedades contemporâneas.

Nos mundos bíblico, sumério, assírio, persa, egípcio, grego ou romano, as relações sexuais entre pessoas do mesmo sexo são correntes. O ato sexual diz respeito mais a uma demonstração de organização social do que a um desejo amoroso. Não é a moral que censura tais uniões, mas a confusão social que poderia resultar delas. Estabelecidas de acordo com as normas vigentes, as relações sexuais entre homens são frequentemente a expressão de uma subordinação hierárquica. No espaço religioso, a homossexualidade e especialmente a sodomia assumem uma dimensão mágico-religiosa ligada, na maioria dos ritos, ao culto de uma divindade feminina, sendo que a castração ritual expressa a nostalgia de uma androginia original.

O amor homossexual não é contrário à natureza na Mesopotâmia

Um tratado assírio de astrologia não faz nenhuma diferença entre as relações heterossexuais e homossexuais. O texto indica que, se o signo de Libra é de bom augúrio para um homem que quer ser amado por uma mulher, o de Peixes é favorável para uma mulher que quer ser amada por um homem, e, o de Escorpião, para um homem que quer ser amado por um homem.

Em outra obra, a homossexualidade assíria se conforma a regras específicas: "Se um homem copular com seu igual por trás, ele se tornará chefe entre seus pares. Se um homem se deitar com um *assinnu* [prostituto sagrado], um destino difícil o deixará. Se um homem se deitar com um *gerseqqû* [servidor do templo], terrores se apossarão dele durante anos. Se um homem se deitar com um escravo nascido em sua casa, um duro destino se abaterá sobre ele"[15].

O culto à divindade suméria Inana dá detalhes ardentes sobre a homossexualidade de seus sacerdotes, a rigidez de seu pênis, a

---

15. Segundo tradução de Martti Nissinen: *Homoeroticism in the Bible world, a historical perspective* [Homoerotismo no mundo da Bíblia, uma perspectiva histórica]. Mineápolis: Fortress Press, 1998, p. 27.

estimulação de suas nádegas e a erotização anal. Os ritos associados à veneração da deusa fenícia Astarte, assim como à da deusa anatoliana Cibele, são efetivados por sacerdotes homossexuais. Na Frígia, depois em Roma, os servos de Cibele praticam rituais de autocastração. No Egito faraônico, um papiro do Médio Império, três milênios antes de nossa era, traz as afirmações do deus Set extasiado diante da beleza do traseiro de Hórus. Na Índia, a deusa Shakti é ainda hoje venerada por homens travestidos de mulheres, chamados *hijra*.

Os amantes de César

Na Roma antiga, a moral sexual considera que, dos dois parceiros, um, passivo, deve dar prazer ao outro; e o outro, ativo, impor-lhe sua dominação viril. Em 49 a.C., a *Lex Scatinia* condena a 10.000 sestércios quem assume o papel passivo nas relações homossexuais entre cidadãos adultos. Isso parece não ter afetado Júlio César – qualificado por Suetônio de "marido de todas as mulheres e mulher de todos os maridos" – em sua relação amorosa com o Rei Nicomedes da Bitínia. Uma ligação absolutamente legítima, uma vez que o amante real não é um cidadão romano e pertence a um povo subjugado. Nero esposará com grande pompa seu favorito Esporo, um alforriado castrado. Adriano, inconsolável com a perda de seu protegido Antínoo que se afogou no Nilo, fundará em sua memória, na margem oriental do rio, a cidade de Antinoópolis.

Sodoma e Gomorra, um mal-entendido?

As interdições sexuais expressas no Levítico só são compreensíveis considerando-se a luta travada pelo monoteísmo contra a idolatria e, depois, o lugar central conferido à procriação nas relações sexuais: "Sede fecundos e multiplicai-vos, enchei a terra" (Gn 1,28)[16], comanda o Deus bíblico à mulher e ao homem, que Ele acaba de criar. No Novo Testamento, o autor dos Atos dos Apóstolos utiliza a

---

16. As citações bíblicas nesta obra foram extraídas basicamente da *Bíblia Sagrada*. 50. ed. Petrópolis: Vozes, Petrópolis, 2001. Em alguns casos, por uma questão de compatibilidade com o conteúdo do texto do livro, a tradução foi feita diretamente da citação em francês utilizada pelo autor [N.T.].

mesma fórmula: "A Palavra de Deus crescia e o número de discípulos se multiplicava" (6,7), associando o Verbo, portador de vida, a um ato sexual fecundo. As relações sem finalidade de procriação aparecem então como adúlteras, como uma traição da injunção divina. O bispo de Constantinopla João Crisóstomo (344/349-407) rejeita sem contemplação a sodomia, que ele considera imperdoável, uma vez que desvia a sexualidade de sua função primeira: a concepção.

A partir do século XI, a Igreja Católica designa pelo termo "sodomia" todo ato que desperdiça o sêmen masculino – penetração anal, masturbação, coito interrompido ou zoofilia. Até o século XVII, a palavra abrangerá o conjunto das relações sexuais "fora da vagina". Toda união carnal motivada unicamente pelo prazer dos sentidos será vista como heresia.

A destruição de Sodoma e Gomorra (Gn 19,1-29) pelo Deus bíblico não é consequência de atos de sodomia (com homens ou mulheres) nem de homossexualidade, mas de transgressões repetidas da lei divina e de práticas sexuais ilegítimas, especialmente de violações. O verdadeiro pecado dos sodomitas é sua maldade para com os estrangeiros e sua aversão a oferecer hospitalidade a visitantes, noção fundamental das regras decretadas por Deus.

A construção de uma identidade

A hostilidade do código de santidade para com o homem que "deita com um homem como se deita com uma mulher" (Lv 18,22)[17] é posterior ao retorno do exílio na Babilônia, ou seja, por volta do final do século VI antes de nossa era. Nesse período de edificação do segundo templo de Jerusalém, essa organização social da sexualidade é constitutiva da identidade do judaísmo renascente. Só a procriação é legítima por sua capacidade de criar estruturas familiares e sociais que vão reconstruir a nação de Israel. Trata-se mais de estabelecer as condições de uma pureza religiosa e de uma integridade étnica do que de definir o comportamento sexual. O primeiro objetivo é, de fato, emancipar o culto da Judeia da influência das

---

17. Tradução da citação francesa.

divindades estrangeiras vizinhas, especialmente da babilônia Ishtar, de Baal e de Achera.

Interdito da sodomia ritual, não do amor entre pessoas do mesmo sexo

A relação homossexual tal como a entendemos hoje está ausente do pensamento do judaísmo e do cristianismo. O termo *homossexual* presente em 1Tm 1,8-11[18] é na verdade um equívoco de tradução, pois a palavra grega é *arsenokoitai*, que designa os "prostitutos masculinos", provavelmente no espírito de "prostitutos sagrados" dos templos politeístas.

Segundo o Deuteronômio: "Ninguém se entregue à prostituição sagrada, nem dentre as filhas, nem dentre os filhos de Israel [...] pois ambos são abomináveis ao Senhor teu Deus" (23,18-19).

Aqui não é a homossexualidade que é condenada, mas, antes de tudo, a prostituição em proveito de um templo, portanto a idolatria. Decerto, o Levítico reprova aquele que deita com um homem como se deita com uma mulher – qualificado de abominável, o ato é punido com a morte (18,22; 20,13) –, mas esse texto foi amplamente deformado por sua tradução grega, depois por suas sucessivas interpretações.

Não está excluído que a interdição do ato homossexual vise apenas as relações no interior da família, do clã ou da tribo. Pois o que importa, antes de mais nada, não é censurar a relação amorosa entre dois homens, mas a dilapidação do líquido vital essencial à perpetuação do grupo. O que é proibido em primeiro lugar, portanto, é a sodomia condenável pela mesma razão que a perda de esperma, à imagem de Onã, que preferiu fazer jorrar seu sêmen no chão a fecundar Tamar, viúva de seu irmão – ato não procriador que lhe custará a vida (Gn 38,6-10). Masturbação masculina e sodomia são proscritas com a mesma severidade. Observemos que, não sendo possível a sodomia entre duas mulheres, a homossexualidade feminina não é mencionada na Bíblia, mas será objeto de acréscimos tardios.

---

18. Tradução da citação francesa.

Os Pais da Igreja entre homofobia e heresia

Traumatizados pelo episódio da ruína de Sodoma e de Gomorra, os Pais da Igreja elevam a sodomia à categoria de ato idólatra, de uma traição ao Eterno, que leva diretamente ao inferno. No início do século III, Tertuliano condena violentamente esses "atos contra a natureza, perversos e ímpios"[19] e associa o comportamento dos sodomitas a uma oposição intencional à lei divina[20]. Graciano, no cânone *Adulterii malum*, descreve o coito anal como o pior dos pecados, o ato antinatural de um homem que "quer se servir de um dos membros de sua mulher que não é feito para isso". Santo Agostinho o considera uma violação da natureza humana criada por Deus[21]. Quanto ao Papa Gregório Magno, ele vê uma analogia entre a destruição de Sodoma pelo enxofre e pelo fogo e a "imundície da carne e de seus desejos perversos"[22].

Pedro Damião (1007-1072), bispo e doutor da Igreja, diz em seu *Livro de Gomorra* que as práticas homossexuais ofendem a natureza humana e testemunham uma possessão diabólica. Dois séculos depois, Santo Tomás de Aquino (1225-1274), por sua vez, considera a sodomia uma falta mortal contra a lei natural, que acarreta inevitavelmente a perda do estado de graça.

A penetração anal, praticada numa mulher ou num homem e tanto ativa quanto passiva, recebe toda a atenção dos Pais da Igreja na medida em que constitui um pecado capaz de provocar a separação entre Deus e a humanidade. Pouco apressada para legiferar sobre essa prática muito difundida, a Igreja aguardará o Concílio de Trento (1545-1563) para lhe imputar sanções corporais. No entanto, a dificuldade em recolher as provas da transgressão tornará a aplicação dos castigos quase impossível. De fato, é imperativo que o "crime de sodomia" seja inteiramente consumado e perfeitamente concluído, e que se constate a *intromissio veretri in vase prae-postero*, e também a *effusio seminis intra vas*. Assim, para alguém evitar que

---

19. *Const. Apost.* VI, 11, p. 28.

20. Cf. TERTULIANO. *De pudicitia*, IV, p. 5.

21. Cf. SANTO AGOSTINHO. *A Cidade de Deus*, XVI, p. 30.

22. GREGÓRIO MAGNO. *Moralia in Job*, XIV, p. 10.

uma pena lhe fosse infligida, era preciso ou "não deixar vestígios", ou "obter a absolvição de seu confessor"!

Judaísmo, cristianismo, Islã, budismo, uma homofobia de geometria variável

A Mishná, compilação escrita das leis orais do judaísmo do século II, classifica a homossexualidade, junto com a idolatria e o homicídio, entre as faltas capitais. No entanto, a tradição judaica favorece uma sexualidade ampla cujo alvo não seja necessariamente reprodutivo. E, embora a lei judaica condene o ato homossexual, ela não estigmatiza a pessoa que o comete.

A Igreja e os sucessivos imperadores visarão diretamente os homens. Em 314, o Concílio de Ancira insere o ato de sodomia – com uma mulher ou com um homem – entre dois pecados contra a natureza, estabelecendo o número de anos de penitência a serem cumpridos pelos faltosos – de 15 a 20 anos – em função de sua idade e de seu estado, sendo o fato de ser casado uma circunstância agravante. Em 342, um texto da Igreja fustiga a homossexualidade passiva, desencadeando as primeiras perseguições aos homens reconhecidos como culpados de relações homossexuais. Em 390, o Código Teodosiano submete à execução capital a homossexualidade passiva, "uma infâmia que condena o corpo viril, transformado em corpo feminino, a se submeter a práticas reservadas ao outro sexo". Em 438, é o imperador romano do Oriente, Teodósio II – e não a Igreja – que manda os homossexuais "passivos" para a fogueira. O Imperador Justiniano (483-565) proibirá depois "todo ato homossexual, mesmo que ativo". Em 693, o Concílio de Toledo considera que "o avanço da sodomia torna necessária a promulgação de penas severas [...]. Os sodomitas são excluídos de todas as relações com os cristãos, açoitados, tosquiados, e exilados..."

Na linha do Concílio de Latrão III (1179), primeira assembleia ecumênica a preconizar a excomunhão das pessoas que se entregam a "atos contra a natureza", a Igreja Católica pronuncia no século XIII a estigmatização teológica e canônica da homossexualidade.

O cristianismo, entretanto, não tem de modo algum o monopólio da homofobia. Em 2001, o Dalai-Lama declarou que a homossexualidade "faz[ia] parte do que chamamos de 'má conduta sexual'. Os órgãos foram criados para a reprodução entre o elemento masculino e o elemento feminino, e tudo o que os desvia disso não é aceitável do ponto de vista budista". Afirmações que ele retificou *a posteriori,* porém tarde demais.

O Corão condena a homossexualidade com a maior clareza e violência mediante a própria palavra de Alá: "Aproximais-vos dos homens de preferência às mulheres para saciar vossas paixões. Sois um povo de perversos. Aproximais-vos dos homens deste mundo e deixais as esposas que vosso Senhor criou para vós? Sois um povo transgressor"[23].

O destino reservado às populações de Sodoma e de Gomorra inspira hoje a xaria de sete estados para justificar a aplicação da pena de morte às pessoas homossexuais: a Arábia Saudita, os Emirados Árabes Unidos, o Iraque, o Irã, a Mauritânia, a Nigéria e o Iêmen. Outros países muçulmanos recorrem aos castigos corporais para punir esses "transgressores".

Alguns se apoiam nos hádices, supostos comentários dos atos e das palavras de Maomé e de seus companheiros, para legitimar sua homofobia, como a narrativa de Al-Bayhaqi (n. 17 028), que relata a decisão de Abu-Baquir de queimar vivo um homem acusado de homossexualidade. Um dos fiéis do profeta, Ali Ibn Abu Talib, o persuadira, então, lembrando: "Esse é um pecado que não foi cometido por nenhuma nação a não ser o povo de Lot, e sabeis que Alá fez aos povos de Sodoma e Gomorra".

Ibn Abas, companheiro e primo de Maomé, não é partidário de enviar os homossexuais à fogueira e prefere que se "procure a mais alta construção da cidade, [que] seja[m] jogado[s] de cabeça e depois [que] seja[m] lapidado[s]"[24]. Não é essa morte que os torcionários de Daech reservam a suas vítimas?

---

23. Surata 7, versículo 80; surata 11, versículo 82; surata 15, versículo 74; surata 26, versículos 165-166; surata 27, versículo 55; surata 29, versículo 28.

24. Relatado por Ibn Abi Shaybah, hádice n. 28 337.

Em outubro de 2015, na Tunísia, um jovem foi condenado a 1 ano de prisão por sodomia. Essa criminalização de um ato praticado por dois adultos consentintes em local privado é qualificada de anticonstitucional por Wadih Ferchichi, jurista e presidente da Associação Tunisiana de Defesa das Liberdades Individuais. Mas, com 94% dos tunisianos hostis à homossexualidade, os tabus perduram[25]. O artigo 230 do seu código penal, que data de 1913, é inapelável: "A sodomia é punida com 3 anos de prisão". Enquanto o casamento de pessoas do mesmo sexo é autorizado atualmente nos cinquenta estados estadunidenses, o Senado do Michigan aprovou em fevereiro de 2016 um projeto de lei – originalmente destinado a sancionar a bestialidade, mas extensivo aos "atos contrários à natureza" entre seres humanos – suscetível de impor uma pena de 15 anos por ato de sodomia. Há que observar que, embora até hoje treze estados ainda não tenham modificado sua legislação e continuem proibindo a sexualidade anal, a Corte Suprema julgou essas leis anticonstitucionais em 2003 e, portanto, inaplicáveis aos Estados Unidos.

"Quem sou eu para julgar?"

Os excessos das considerações da Igreja sobre a homossexualidade resultam de sua concepção de um casamento voltado para a procriação. Segundo o Catecismo da Igreja Católica contemporânea, "os atos de homossexualidade, intrinsecamente desordenados, não procedem de uma complementaridade afetiva e sexual verdadeira"[26]. Portanto, a Igreja ainda tem sobre esse tema uma visão maniqueísta, que oscila entre apreciação social e cultural e interpretação teológica. Em *Persona humana – Declaração sobre algumas questões de ética sexual*, de 29 de dezembro de 1975, a Congregação para a Doutrina da Fé sublinha o dever de buscar compreender a condição homossexual. Mas em 1º de outubro de 1986, o Papa João Paulo II aprova a *Carta aos bispos da Igreja Católica sobre o atendimento pastoral das*

---

25. PEW RESEARCH CENTER. *Should society accept homossexuality?* [Deve a sociedade aceitar a homossexualidade?], 2013.

26. *Catéchisme de l'Église catholique.* "Chasteté et homossexualité" [*Catecismo da Igreja Católica.* "Castidade e homossexualidade"] n. 2357, 1992.

pessoas homossexuais, redigida pelo Cardeal Joseph Ratzinger, futuro Bento XVI. Um recuo para alguns, um esclarecimento teológico para outros: segundo esse texto, que afirma que "a atividade homossexual é um entrave à realização e à satisfação pessoal, porque é contrária à Sabedoria criadora de Deus", São Paulo veria nas relações homossexuais o exemplo de uma desarmonia "substituindo a harmonia original entre o criador e suas criaturas".

Em julho de 2013, o Papa Francisco rompe com essa visão da homossexualidade: "Se uma pessoa homossexual é de boa vontade e está em busca de Deus, quem sou eu para julgá-la?", ele declara por ocasião de uma coletiva de imprensa, propondo "acompanhar as pessoas em sua trajetória e sua complexidade". 1 ano depois, a síntese da assembleia extraordinária do sínodo dos bispos sobre a família, de outubro de 2014, abre a porta – apesar da pressão dos "tradicionalistas" – para uma nova reflexão sobre o lugar da homossexualidade no catolicismo. Trata-se doravante, segundo o Santo Padre, de amadurecer as ideias "por um verdadeiro discernimento espiritual". Ainda que o amor conjugal indissolúvel, o casamento canônico entre mulher e homem, continue sendo a única forma plenamente aceita, os bispos reconhecem que "há casos em que o apoio mútuo, chegando ao sacrifício, constitui um reconforto precioso para a vida dos parceiros". Portanto, não há consenso sobre o tema. Finalmente, a Igreja Católica lembra às pessoas homossexuais assim como às pessoas heterossexuais que voltem à obrigação primeira da sexualidade: a procriação. E, caso contrário, que escolham a castidade.

Davi e Jônatas formavam um casal bíblico?

Muitos textos bíblicos não refletem a homofobia de seus comentadores. Ao contrário, essas narrativas lançam um olhar novo sobre sua sociedade.

O *Canto do arco* composto por Davi introduz na mitologia do rei-messias o relato de uma relação apaixonada que o une a Jônatas, filho do soberano Saul. Essa fusão inesperada entre dois heróis que deveriam se combater, mas que escolheram se amar, multiplica comentários e interpretações há mais de 25 séculos. Esse casal assemelha-se espantosamente ao que, na mitologia babilônica, é formado por Gilgamesh e Enkidu ou ainda ao que é constituído, na mitologia grega, por Aquiles e Pátroclo. Em todos os casos, o objeto do amor do herói real não sobrevive. O sofrimento de Gilgamesh, de Aquiles ou de Davi se traduz pela perda do suplemento de humanidade que os animava até então, e finalmente pela aceitação da própria mortalidade.

Tudo começa quando Davi vai ao acampamento do Rei Saul para lá oferecer a cabeça cortada do gigante filisteu Golias. Assim que termina a entrevista com Saul, Davi cruza com Jônatas. Os dois jovens parecem tomados de uma paixão fulminante. "A alma de Jônatas apegou-se à alma de Davi e Jônatas pôs-se a amá-lo como a si mesmo" (1Sm 18,1)[27]. A admissão de Davi na corte de Saul retoma algumas expressões que descrevem a introdução de uma noiva na casa do futuro marido. "Teu amor maravilhou-me mais do que o amor de mulheres!"[28], declara Davi a respeito de Jônatas, que lhe dava todo o seu prazer e cuja afeição era admirável (2Sm 1,26).

Em nenhum momento o texto lembra que Jônatas é cunhado de Davi. A atração amorosa que aproxima os dois amigos suplanta o amor que deveria ligar Davi a Micol (irmã de Jônatas, ocultada em favor deste último), que ele desposa sem estar apaixonado por ela e que não lhe dará nenhum descendente. Movido por sua inclinação por Davi, Jônatas conclui com ele uma *aliança*, um termo que designa um contrato de casamento em outros escritos do judaísmo (Pr 2,17; Ml 2,14) – o vínculo que os compromete evoca, aliás, a ligação entre um marido e sua mulher (Gn 2,24; Rt 1,14) –, depois se despoja de seu manto para oferecê-lo a ele, assim como suas roupas, sua espada, seu arco e seu cinturão (1Sm 18,3-4). Esse procedimento é certamente um ato de submissão, mas também um gesto amoroso. Jônatas se despe. Tira seu "manto". Portanto, apresenta-se nu a Davi. Uma nudez que poderia expressar, de acordo com a cultura bíblica, a passagem ao ato sexual.

---

27. Tradução da citação francesa.

28. Tradução da citação francesa.

Na batalha de Gilboa, três dos filhos de Saul são mortos pelos filisteus. O próprio pai deles escolherá lançar-se sobre sua espada. A notícia dessa derrota é desastrosa. No entanto, é só ao ficar sabendo da morte de Jônatas que Davi rasga suas roupas em sinal de luto, chora e ergue um lamento: "Quanta dor sinto por ti, Jônatas, meu irmão! Tenho o coração apertado. Eu te amava tanto!" (2Sm 1,26).

Suas almas possuiriam uma raiz comum, sua amizade ultrapassaria o amor que um homem pode sentir por uma mulher. Não se trata, portanto, de uma relação contrária à natureza, mas "sobrenatural" e sem dúvida "antinatural", pois o amor que eles sentem um pelo outro tem qualidade para mudar o curso da história e não para repeti-la.

Esse relato é ilustrado por uma sondagem de 2015 do Pew Research Center, da qual se conclui que, para 54% das pessoas interrogadas, as crenças religiosas e a homossexualidade não entram em "conflito". Dois terços dos católicos apoiam assim o casamento entre pessoas do mesmo sexo, tal como uma parte de protestantes (68%). No entanto, a maioria das grandes instituições religiosas se divide a respeito do assunto.

A progressista Igreja Católica da Alemanha voltou ao atendimento pastoral a ser dado "às pessoas ligadas por um casamento civil ou por uma parceria fora do casamento, assim como aos crentes homossexuais". A Conferência episcopal definiu que "a maioria dos católicos aceita as relações homossexuais", formulando a condição de que "os parceiros vivam os valores que são o amor, a fidelidade, a responsabilidade e a confiabilidade recíprocas". De acordo com seus comentários, trata-se de "aperfeiçoar a moral da Igreja sobre a sexualidade para que ela inclua as aquisições bastante recentes das ciências humanas, da antropologia, da exegese e da teologia moral"[29].

---

29. "A vocação e a missão da família na Igreja e no mundo de hoje", resposta da Conferência Episcopal Alemã às questões referentes à recepção e ao aprofundamento da *Relatio Synodi* no documento preparatório à XIV Assembleia Geral Ordinária dos Padres Sinodais em 2015.

Contraverdade n. 4

As religiões são misóginas

O sexismo está por toda parte e o tempo todo, em todos os lugares e em todas as sociedades. Somos todos herdeiros de uma tradição patriarcal milenar, na qual as religiões se inscreveram, que elas perpetuaram, mas não inventaram.

Há 25 séculos, Platão e seu discípulo Aristóteles tentam explicar a natureza das coisas a partir do que elas parecem ser. A aparência reflete a essência de uma pessoa. Convencido de que só os seres masculinos são gerados diretamente pelos deuses, Platão afirma em *A República* que, seja o que for que as mulheres realizem, "elas o farão menos bem do que os homens". Aristóteles sustenta que "a natureza criou um sexo forte e um sexo fraco: as mulheres, por natureza inferiores aos homens"[30]. Evidentemente, os mais célebres filósofos estavam totalmente errados a respeito da metade da humanidade. Entretanto, seu raciocínio influenciou profundamente os pensadores das religiões monoteístas – judaísmo, cristianismo e Islã –, que por uma vez concordaram sobre uma questão: a obediência da mulher ao esposo (Ef 5,22-24).

Essencialmente inaptas, mas insubstituíveis por natureza, elas devem ser apagadas, "submissas aos maridos como ao Senhor. Pois o marido é cabeça da mulher como Cristo é cabeça da Igreja" (Ef. 5,23). João Crisóstomo, arcebispo de Constantinopla, afirma que "o sexo

---

30. ARISTOTE. Économique [ARISTÓTELES. *Econômico*]. Belles Lettres, 1968, livro 1, cap. iv, p. 3.

feminino é fraco e leviano"[31], e as mulheres "se deixam arrastar por toda sorte de paixões [...] nunca chegam ao conhecimento da verdade" (2Tm 3,6-7). Está então igualmente justificada sua exclusão do mundo da inteligência. Elas devem "permanecer em silêncio" (1Tm 2,12), ou seja, na invisibilidade social, e aprender nunca deve "infringir as regras da submissão" (1Cor 11,5-20)[32].

O sistema patriarcal se difunde como uma onda por todas as religiões. Se o judaísmo exclui totalmente as mulheres do poder masculino de sacrifício, de expiação e de preces, as romanas da Antiguidade são às vezes as auxiliares distantes dos oficiantes, frequentemente virgens, sempre não casadas ou obrigatoriamente castas – como as vestais encarregadas de testemunhar a distância os sacrifícios públicos realizados pelos ministros do culto, as sibilas cujas predições contribuem para o funcionamento do Senado mas que jamais podem estar presentes nele, ou ainda a Pítia, cujas palavras divinatórias devem ser interpretadas por sacerdotes antes de serem transmitidas aos homens que consultam o oráculo. Mantidas à margem de toda atividade religiosa importante, as mulheres não podem realizar nem sacrifícios de animais, nem corte de carne, nem oferenda de vinho. O sangue menstrual e o sangue sacrificial não podem ser mesclados de modo nenhum; o crime seria tão sacrílego quanto o incesto. O vinho, representando o sangue da vida, não pode ser manipulado por mulheres a não ser que seja qualificado de "leite", restabelecendo assim sua qualidade nutriente, que prevalece sobre a de dar à luz. Suspeitas de superstição, marginalizadas, as mulheres presentes ao lado dos homens os secundam, às vezes os completam, mas não alteram o sistema religioso.

Tanto entre os judeus como entre os pagãos, são consideradas uma anomalia e constituem objeto de segregação implacável. Acusadas de fraqueza de espírito, de tolice e de crenças absurdas, não têm acesso ao saber e são afastadas de toda atividade pública. A inferioridade de seu sexo e sua impureza contagiosa as relegam a um papel

---

31. JOÃO CRISÓSTOMO. *In epistulam I ad Timotheum argumentum et homiliae*, 1-8, 9; PG 62, col. 545.

32. Tradução da citação francesa.

subalterno. Um escravo pode ser alforriado, porém uma mulher jamais pode deixar o jugo de sua feminidade. Dispensadas de estudar a Torá, afastadas do culto, taxadas de incapazes, elas são mantidas à margem da sociedade e da salvação prometida aos homens. A prece só lhes é propiciada uma vez por dia, ao passo que os homens devem fazer preces três, quatro ou cinco vezes, conforme as celebrações do dia. A culpa do pecado original torna-as culpadas perpétuas. Mesmo quando estuprada, uma mulher não pode testemunhar em seu próprio julgamento; a justiça não é assunto seu, mas dos homens. O território das mulheres limita-se ao lar, às relações sexuais obrigatórias com o esposo, aos partos, aos abortos involuntários, aos abortos clandestinos e à administração dos filhos. Para elas a esfera doméstica, para os homens a esfera pública! "Convém às mulheres ficarem em casa e viverem retiradas"[33], escrevia Fílon de Alexandria.

O patriarcado é uma religião universal, mas é uma personagem religiosa que vem revolucionar essa segregação. Segundo Jesus, Maria Madalena "se tornará, também ela, um sopro vivo, semelhante a vós, homens". "Maria, vou te instruir em todos os mistérios do alto [...], tu, cujo coração está, mais do que o de todos os teus irmãos, voltado para o Reino dos Céus"[34]. Ele promete. Em detrimento dos apóstolos Pedro e André, a relação entre Jesus e Maria de Magdala rompe o modelo patriarcal em vigor. Ela mesma não corresponde ao modelo feminino de seu tempo. Se uma mulher geralmente se define por referência a seu modelo familiar, filha ou irmã, e a sua vida conjugal, noiva, esposa ou mãe, Maria se define por referência a sua cidade de origem, sua liberdade de movimento, sua independência econômica e amorosa. O movimento de emancipação do feminino assume uma extensão inédita e fundamental. "Tu que pertences ao mundo do Espírito puro, tu serás a plenitude das plenitudes e o fim de todos os fins", acrescenta Cristo.

Paulo de Tarso, apesar de suas reservas, reconhece em suas epístolas aos romanos e aos filipenses o papel ativo das mulheres

---

33. Fílon de Alexandria (c. 20 a.C.-45 d.C.), filósofo judeu helenizado, contemporâneo da emergência do cristianismo.

34. *Pistis Sophia.*

em sua luta para propagar a mensagem cristã: "Já não há judeu nem grego, nem escravo nem livre, nem homem nem mulher" (Gl 3,28).

No século III, com frequência mais numerosas do que os homens, as mulheres gozam de um *status* inédito, respeitado e importante. O Bispo Calixto[35] permite-lhes, por decreto, viverem em concubinagem com cristãos, conferindo-lhes assim a liberdade de escolherem seu parceiro sexual sem casamento e sem serem acusadas de adultério.

As mulheres também cristalizam as paixões no mundo muçulmano. É ridículo limitar a visão das mulheres muçulmanas ao uso do véu. Se hoje a relação com o feminino parece reduzir-se a uma misoginia organizada, é preciso voltar ao discurso erótico e religioso da literatura islâmica e ao desejo de orgasmo expresso através da representação de mulheres supersexualizadas para avaliar as angústias do fracasso sexual sentido por homens de virilidade inquieta.

À imagem dos textos do judaísmo, o ato sexual no Islã se faz a três: a mulher, o homem e Deus. Bukhari, erudito sunita do século IX, aconselha em seu *Livro dos bons usos em matéria de casamento* que se invoque o nome de Deus antes do ato sexual e no momento do orgasmo[36]. "Quando o orgasmo está próximo, convém pronunciar intimamente e sem mover os lábios as palavras de louvor a Deus"[37]. Um conselho inspirado na surata 25, versículo 16 do Corão, que acusa aqueles a quem Deus concedeu gozos efêmeros... de esquecerem a invocação de seu nome.

Contrariando o que geralmente se pensa, alguns versículos do Corão ostentam uma igualdade entre crentes homens e mulheres por meio de uma simetria gramatical: "Os homens submissos e as mulheres submissas, os homens crentes e as mulheres crentes, os homens devotos e as mulheres devotas, eis para quem Alá preparou um per-

---

35. Ex-escravo, convertido na idade adulta, alforriado em 190, Calixto (ou Calisto) será bispo de Roma de 217 até seu assassinato, em 222.

36. Cf. AÏT SABBAH, F. *La Femme dans l'inconscient musulman* [A mulher no inconsciente muçulmano]. Albin Michel, 2010, p. 188.

37. GHAZALI. *Le Livre des bons usages en matière de mariage* [O livro dos bons usos em matéria de casamento]. Maisonneuve, 1953, p. 84. In: AÏT SABBAH, F. *La Femme dans l'inconscient musulman* [A mulher no inconsciente muçulmano]. Op. cit., p. 189.

dão e uma recompensa sem limites"[38]. Homens e mulheres crentes, sem distinção, são obrigados a "baixar os olhares, ser castos"[39].

A assimetria entre feminino e masculino se expressa por uma inversão dos papéis no espaço sagrado e no espaço profano. Se o homem nasce biologicamente da mulher, a mulher – à imagem do cristianismo – "é extraída do homem"[40]. O homem que engendra a mulher perde os sinais de masculinidade? A mulher engendrada deve ser castrada para voltar ao mundo profano? Finalmente, o patriarcado, querendo dar todos os poderes ao homem, perverteu o sentido do mundo.

O desvio misógino atribuído ao Islã não é diferente do que atravessa as outras religiões. Alguns textos do judaísmo, do cristianismo e do Islã procuram – certamente sem sucesso – emancipar-se do patriarcado arcaico que organiza as sociedades em detrimento das mulheres. Também é o caso do Corão, especialmente da surata "As mulheres".

Enquanto de acordo com a tradição tribal pré-islâmica as mulheres não têm nenhum direito a herança, o versículo 7 da surata 4 do Corão, "As mulheres", impõe que "cabe às mulheres uma parte da herança deixada por seus pais ou parentes, e, qualquer que seja a importância da sucessão, essa quantia é uma obrigação". Segundo o versículo 32, "aos homens caberá a parte que tenham merecido por suas obras, e às mulheres caberá a que tenham merecido por suas obras". O Corão estabelece assim um princípio jurídico que garante às mulheres o direito a uma total independência e autonomia financeira. O versículo 11 determina: "Quanto a vossos filhos, Deus vos ordena atribuir ao menino uma parte igual à de duas meninas. Se as meninas forem mais de duas, os dois terços da herança caberão a elas; se houver apenas uma menina, a metade lhe pertencerá", introduzindo o princípio de uma distribuição igualitária entre mulheres e homens. O versículo 3 da surata 4 do Corão, que limita a poligamia

---

38. Le Coran, sourate 35, verset 33 [Corão, surata 35, versículo 33]. In: AÏT SABBAH, F. Op. cit.

39. Corão, surata 40, versículo 40.

40. Corão, surata 42, versículo 11.

a quatro esposas, lembra-nos que o Profeta Maomé, antes do esclarecimento desse versículo, desposara nove mulheres e acolhera várias concubinas, a maioria delas mulheres devotas, viúvas, deixadas sem recursos depois da morte do marido. Bukhari afirmará que cada crente só tem direito a duas esposas[41]. A esse respeito, é preciso não ignorar o versículo 3 da surata 4 do Corão, que determina: "Esposai conforme vos aprouver duas, três ou quatro esposas. Mas se temeis não serdes imparcial, tomai uma só mulher". Um debate que rompe os costumes pré-islâmicos da região.

Cada religião traz em si as premissas de uma mudança do mundo. Acaso a gênese bíblica não oferece duas narrativas do nascimento da humanidade? A primeira diz que Deus criou o ser humano à sua imagem, macho e fêmea (Gn 1,27), colocando os dois sexos em pé de igualdade, tal como demonstrarão os propósitos de Lilit a respeito de Adão[42]. Depois vem, em Gn 2,18-23, a segunda narrativa, que torna a mulher, nascida da costela de Adão, uma auxiliar, uma companheira.

Hoje, a busca de uma igualdade real entre mulheres e homens esbarra num patriarcado milenar. Os avanços são lentos e os recuos, súbitos. As sociedades humanas através do mundo estruturaram-se com base numa assimetria entre feminino e masculino. As religiões seguiram. No entanto, encarregadas de organizar o caos, elas propõem um sentido espiritual para as diferenças entre os sexos. Mulheres e homens passam a se mover em esferas separadas, princípio que impôs uma divisão das profissões e das competências de acordo com o gênero. Um sistema que só será possível alterar impondo um princípio de mesclagem como valor de referência. Não se trata de um simples ajuste, mas de criar as condições de um mundo novo, mais justo, mais equitativo, mais solidário. Um mundo misto que ainda nunca existiu em lugar nenhum.

---

41. BUKHARI. *As-Sahib* – Dar Al Ma'rifa, Vol. II. Beirute, p. 217.

42. De quem ela é a esposa original, segundo as lendas judaicas (cf. Contraverdade n. 5).

Contraverdade n. 5
Eva foi a primeira mulher

A emergência da humanidade, como vimos, é objeto de duas variantes na narrativa bíblica. O ser humano detém, inicialmente, "à imagem" de seu criador divino, o duplo poder, feminino e masculino, de vida e de ação (Gn 1,27), sendo que o homem e a mulher aparecem ao mesmo tempo e em pé de igualdade. Eva, formada num segundo movimento a partir de uma costela de Adão, é, ao contrário, subordinada a ele (Gn 2,18-23). O homem revela-se, assim, de essência celeste, puro por natureza, e a mulher, de essência terrena, ou seja, imperfeita e portadora de impureza. O homem passa a fornecer a parte imortal de todo ser, o espírito, enquanto a mulher, cujo destino é gerar, é associada ao que é perecível, a carne e os ossos. Eva, portanto, não foi a primeira mulher, e a que foi concebida antes dela, Lilit, preferiu deixar o Jardim do Éden a se render a essa submissão perpétua.

O pensamento patriarcal considera o primeiro ser feminino uma demônia da mitologia acadiana[43]. Ela é descrita como Lil-la, "a Aérea", prostituta sagrada da deusa Inanna, que se tornará a Ishtar dos babilônios. Mulher primordial, primeira companheira de Adão, primeira mulher fatal, a que recusará ser submissa a ele também será a que causará sua perdição.

Lilit, raptora da luz, cujo nome, no entanto, deriva do sumério *lil* (vento), e não do hebraico *Lailah* (noite), só é citada uma vez na Bíblia em Is 34,14. O Livro de Jó torna-a um nome comum, personifi-

---

43. O Império da Acádia dominou a Mesopotâmia do fim do século XXIV a.C. ao início do século XXII a.C.

cação do pavor das trevas. Rainha dos terrores, primogênita da morte, ela não tem linhagem nem posteridade e, tal como a peste, ataca sem piedade e sem distinção inocentes e culpados (Jó 18,3-21). A tradição judaica a toma como contraexemplo da mulher bíblica, descrevendo Lilit como uma criatura ensanguentada de que Adão teria se afastado. O Talmud, no século III, explica que Caim e Abel teriam brigado pelo amor da mulher que precedeu sua mãe, Eva (Gn 2,28-23). A tradição cristã não diz nada a seu respeito.

"Não me deitarei debaixo de ti, apenas em cima de ti. És feita para estar embaixo, porque sou superior a ti", afirma Adão à sua companheira Lilit. "Não me deitarei debaixo de ti, mas sobre ti. Somos iguais, fomos criados da mesma terra"[44], ela responde. Afinal, acaso ela não foi modelada ao mesmo tempo que ele, a partir da mesma argila? Acaso não é sua igual, seu *alter ego* e seu complemento?[45] Tal como ele, ela não teve pai nem mãe, mas um criador único, feminino e masculino. Na realidade, Lilit quer ser livre. Fomos trazidos simultaneamente à vida, indiferentemente de nosso caráter feminino ou masculino, sem predominância de um sobre outro, ela explica a um Adão confuso, a cujos olhos o homem age e a mulher se submete. É o sentido da criação. A inversão dos papéis exigida por sua esposa é uma perversão do mundo. Segundo o *Alfabeto de Ben Sirá*, obra anônima composta entre os séculos VII e X, Lilit pronuncia o nome secreto de Deus para sair voando do Jardim do Éden. Abandonado à sua solidão, Adão se queixa com Javé: "A mulher que me deste fugiu". Finalmente, a demônia foi capaz de seduzi-lo.

O *Zohar*, "Livro do esplendor", conta que Javé decide então criar uma mulher a partir da carne de Adão: "Não é bom que o homem esteja só. Vou fazer-lhe uma auxiliar que lhe corresponda" (Gn 2,18).

---

44. *Alfabeto de Ben Sirá*. Jesus Ben Sirá é um erudito judeu do século II a.C. que teria redigido, na Alexandria, o Sirácida, livro poético também chamado Eclesiástico. A Igreja cristã utilizará esse texto sob o título *Liber ecclesiasticus*, para a instrução para o batismo dos catecúmenos. O *Alfabeto de Ben Sirá*, que lhe é atribuído, data na verdade do século VIII-X.

45. Ibid.

Javé lhe tira uma costela, modela uma mulher, depois a leva até ele (Gn 2,21-22). A "mulher" é denominada *ichah*, uma vez que foi tirada de *ich* (o "homem"). Note-se, entretanto, que o hebreu *tsela* utilizado nesse texto pode ser traduzido por "costela", mas também por "lado". Eva teria sido então formada ao "lado" de Adão, numa união e numa igualdade fundamentais.

Se Eva não é a primeira mulher, ela tem a vocação de se tornar a primeira a dar à luz. Afinal seu nome em hebraico, Hawwa, não se traduz por "mãe de todos os vivos"?

Contraverdade n. 6
A laicidade é um escudo contra as religiões

Dizer que a laicidade é inimiga das religiões é um erro. Combatê-las não é seu objetivo nem sua inspiração. O princípio de laicidade não se inscreve num contexto do qual toda confissão esteja ausente.

A laicidade não é uma doutrina nem um objetivo, mas um princípio universal que visa garantir a igualdade e a liberdade de todas e de todos. Indissociável da República, o princípio de laicidade permite a indivisibilidade do espaço público, sendo que nenhum cidadão ou grupo de cidadãos pode impor suas convicções aos outros.

A divisão dos poderes terreno e celeste pontua a história das religiões. Até o fim da época persa, o reino de Judá é dirigido por um governador e o culto é confiado aos sumos sacerdotes[46]. Essa distinção dos poderes político e religioso prefigura o sistema de separação dos poderes executivo, legislativo e judiciário das democracias, um vigiando o outro, tal como o Profeta Elias condenando a Rainha Jezebel por traição ou Natã julgando o Rei Davi por seus excessos de autoridade. Segundo os evangelhos, Jesus, por sua vez, exige dissociar o terreno do celeste: "Dai a César o que é de César e a Deus o que é de Deus" (Lc 20,20-26).

Nesse contexto, assim como no contexto bíblico, trata-se em primeiro lugar de proteger o religioso num período caótico que poderia levar à sua radicalização ou a seu desaparecimento. A lei de

---

46. Do Império Persa, por volta de 538 a.C., até a época helênica, de 332 a.C a 63 a.C., marcando o início da época romana.

separação entre as Igrejas e o Estado, de 1905, concretiza de fato a liberdade de consciência.

O princípio francês de laicidade não é uma disposição ateia, mas um sistema *a-religioso* que permite a uma diversidade de convicções coabitarem na República. Neutro, o Estado não é submetido a nenhuma regulamentação religiosa. Ele garante a liberdade de crença e de não crença, assim como a igualdade entre ateus, praticantes e não praticantes. Não proíbe nem privilegia nenhuma religião e nenhum culto. Não financia suas construções nem o exercício do culto e não remunera padres, rabinos, monges, irmãs ou outros assalariados da Igreja (exceto no quadro do regime concordatário ainda vigente na Alsácia-Mosela).

Aquelas ou aqueles que têm uma missão de serviço público – e que detêm com isso uma parcela de responsabilidade ou de autoridade do Estado – devem, à sua imagem, observar uma imparcialidade rigorosa. Não se trata de excluir a religião, mas de respeitar o princípio de neutralidade a fim de garantir a igualdade entre as pessoas, sejam quais forem suas convicções.

Tenha-se cuidado com as pessoas que justapõem um adjetivo ao termo "laicidade" para defini-lo: laicidade integral, de abertura, tranquila ou ainda laicidade aberta ou fechada... Esses epítetos fragilizam seu próprio conteúdo, com o risco de esvaziá-lo de sentido para submetê-lo a sistemas multiculturais (particularmente anglo-saxões, britânicos ou canadenses) incompatíveis, por sua herança política e pela história de seu povoamento, com a singularidade do modelo francês que tem suas origens especialmente no Século das Luzes e nas revoluções de 1789 e de 1848.

Não, a laicidade não precisa de nenhuma elucidação suplementar, a não ser o adendo de lembrar que não pode haver justiça verdadeira sem igualdade real! E, se o multiculturalismo anglo-saxão privilegia a liberdade sobre a igualdade, o pluralismo francês coloca a igualdade como postulado da liberdade.

Contraverdade n.7

A laicidade é um culto republicano

A laicidade não tem o intento de substituir as religiões. Não se trata de um dogma republicano, mas de um método. Não se trata de um objetivo, mas de um meio de assegurar a igualdade dos indivíduos preservando, ao mesmo tempo, o interesse coletivo. Ao declarar que democracia e laicidade são idênticas, Jean Jaurès tornou-a um valor da República, um procedimento político nascido de uma vontade de organizar o viver junto de acordo com os princípios de igualdade e de justiça, um engajamento pela igualdade e pela liberdade individual de consciência. A Constituição francesa garante os mesmos direitos para todos os cidadãos, quer eles tenham ou não convicções religiosas. Contrariando o que geralmente se pensa, portanto, não se trata de aceitar, por conta de uma neutralidade benevolente, a diversidade das expressões religiosas adaptando-se à intensidade da fé, mas de determinar as linhas da compatibilidade de uma expressão religiosa com os princípios fundamentais da República.

O Estado não está submetido às regulamentações religiosas

A lei de separação entre as Igrejas e o Estado, de 1905, garante a neutralidade do Estado e de seus serviços – escola, hospital, transportes coletivos, fundos de abono familiar, seguridade social, polícia ou exército. Não há religião oficial na França. Só o serviço público, espaço de ação do Estado, é submetido ao princípio de neutralidade. Os assalariados de empresas encarregadas de uma missão de serviço público, sejam eles agentes da função pública ou funcionários privados, são detentores de uma parcela da responsabilidade e da autoridade do Estado. Têm, portanto, a obrigação de respeitar a neutralidade imposta ao Estado por lei. Contrariando a ideia muito difundida de que essa neutralidade seria um meio indireto de proibir as religiões, trata-se de garantir a independência do Estado e a igualdade entre crentes e não crentes.

Antídoto contra as discriminações, o racismo, o antissemitismo e o sexismo, a laicidade rejeita todas as formas de dominação, de integrismo e de totalitarismo. No modelo francês, ela é o pré-requisito do bem-viver juntos dentro do respeito aos direitos das mulheres e dos homens, à liberdade de pensar e de se expressar, ao direito de fugir às normas. É a condição de uma democracia esclarecida, de uma humanidade emancipada de suas crispações sociais e de seus medos originais. Todas as religiões, seja qual for o número de seus fiéis, têm o mesmo direito de consciência e de culto. Nenhuma pode sobrepor-se ao poder civil. O princípio de laicidade tem papel fundamental na manutenção da paz social e na luta contra o obscurantismo. A laicidade não é uma exceção francesa, mas uma prioridade republicana.

Um princípio que não data de hoje

Em 1670, o filósofo holandês Spinoza afirma, em seu *Tratado teológico-político*, que o exercício do culto religioso e as convicções ligadas a ele devem "pautar-se pela paz e pela utilidade do Estado".

Em 1686-1689, o pensador inglês John Locke, em sua *Carta sobre a tolerância*, destaca a absoluta necessidade de distinguir "o que diz respeito ao governo civil e o que pertence à religião e de marcar os justos limites que separam os direitos de um dos direitos do outro".

Na França, em 1791 Condorcet defende o princípio da instrução sem religião. Ele explica que, como a Constituição reconhece o direito a cada um de escolher seu culto e a igualdade real entre todos os cidadãos, não seria possível admitir, na instrução pública, um ensino que atentasse contra essa igualdade.

A lei do 2º *sansculotides*[47] ano II – 18 de setembro de 1794 – distingue Estado e Igreja, suprimindo o orçamento até então atribuído à Igreja Católica. A República, a partir de então, não financia nem remunera nenhum culto. O decreto de 3 ventoso ano III (21 de fevereiro de 1795) garante o exercício do culto, proibindo-o fora dos recintos reservados a ele. A lei não reconhece nenhum *status* especial aos ministros do culto e condena o porte, em espaço público, de roupas, ornamentos ou trajes destinados às celebrações cultuais.

No entanto, se a lei de 1905 acompanha um projeto social e político, a lei de 1794 e o decreto de 1795 pretendem antes de tudo neutralizar o obstáculo ao ímpeto revolucionário representado pela Igreja. A proibição de financiar o culto ou de assalariar os sacerdotes tem a intenção de retirar da Igreja e de seus membros refratários toda a capacidade financeira de se opor à revolução. A impossibilidade de colocar um signo religioso dentro ou fora de um edifício público tem o objetivo de impedir que novas cruzes sejam instaladas neles em forma de contestação.

De acordo com a Constituição atual, a República é "indivisível, laica, democrática e social". Alguns afirmam a ideia surpreendente de que essa concepção está ligada a uma crença. Não é verdade. A laicidade não pode ser considerada um culto republicano, simplesmente porque a República não é um dogma. Por conseguinte, toda crítica dirigida a essa definição implica opinião, e não blasfêmia. Uma votação parlamentar pode modificar a Constituição, mas nenhum referendo jamais virá alterar a crença de que o Profeta Maomé voou de Jerusalém para os céus ou de que Jesus ressuscitou!

---

47. No calendário revolucionário francês, os 5 ou 6 dias complementares depois do último mês do ano, frutidor. Esses dias, considerados feriados, logo passaram a ser chamados simplesmente "dias complementares" [N.T.].

Contraverdade n. 8
Os signos religiosos podem ser proibidos por princípio na empresa

O caso de uma engenheira demitida em 2009 por ter se recusado a tirar seu véu islâmico por ocasião de suas intervenções junto aos clientes de seu empregador (que aliás a recrutara estando ela com véu) alimenta há muitos anos a reflexão sobre as condições da restrição da liberdade religiosa no interior da empresa privada e sobre a autonomia desta para impor um princípio de neutralidade a seus assalariados no âmbito de sua incumbência profissional.

Nesse conflito, cada nova etapa judiciária foi vivida, de acordo com as opiniões de cada um, como um cataclismo. Uns viam no caso a extensão do princípio de laicidade à empresa privada; outros, a legitimação de um direito da empresa à neutralidade; outros ainda enxergavam um movimento de interdição de todos os signos religiosos na empresa. A questão nunca foi nenhuma dessas.

O tribunal de apelação de Paris, numa decisão de 18 de abril de 2013, julgou legítima a exigência de neutralidade na medida em que a restrição se adaptava ao objetivo buscado, uma vez que limitada aos contatos com a clientela.

O Tribunal de Justiça da União Europeia considerou, em sua recomendação de 14 de março de 2017, que a proibição de usar o véu islâmico não constituía uma exigência profissional essencial e determinante, esclarecendo que a proibição do signo religioso só valeria se já estivesse prevista no regulamento interno de maneira legítima, ou seja, geral e proporcional.

A decisão do tribunal de cassação de 22 de novembro de 2017 cassou e anulou todas as disposições da decisão do tribunal de apelação de Paris, confirmando as condições da restrição da liberdade religiosa na empresa, especialmente da interdição dos signos religiosos.

A empresa pode inscrever em seu regulamento interno um princípio de neutralidade. Não se trata, entretanto, de modo nenhum, de um novo direito de proibir a todos, em todo lugar e o tempo todo o porte de signos religiosos em seu interior. Não é questão, aqui, de um direito a uma neutralidade "universal" reivindicada por algumas empresas, mas do enquadramento desse direito, com base em regras já estabelecidas.

A empresa só pode inscrever em seu regulamento interno uma restrição ao porte de um signo religioso sob a condição expressa de que essa cláusula diga respeito ao conjunto de signos religiosos e filosóficos, sem distinção.

Essa restrição à liberdade religiosa pode aplicar-se apenas aos assalariados em contato direto com a clientela. Fora desses momentos precisos, os assalariados não são obrigados a se desfazer de seus signos religiosos.

A cláusula de interdição de um signo religioso baseia-se então em três princípios gerais incontornáveis:

• O motivo da interdição deve ser justificado e legítimo.

• A interdição deve ser geral, ou seja, sem distinção entre os signos.

• A interdição deve ser restrita aos assalariados em contato direto com a clientela.

Caso o assalariado se recuse a retirar seu signo religioso, a demissão não pode ser automática. O empregador tem a obrigação de propor, quando possível, uma mudança de cargo na empresa. A ausência de respeito ao conjunto dessas disposições constitui uma discriminação direta que não se pode justificar pela vontade do empregador de satisfazer às exigências de seus clientes.

Devemos lembrar também que, para a empresa, a possibilidade de inscrever um princípio de neutralidade em seu regulamento interno é subordinada à consulta obrigatória às instituições representativas dos funcionários assim como ao controle da inspetoria do trabalho. que deve avaliar sua conformidade com as liberdades fundamentais, sob a égide do tribunal administrativo e, *in fine*, do Conselho de Estado.

Trata-se, portanto, para a empresa, da confirmação, não de um liberdade de neutralidade, mas das regras da restrição da liberdade religiosa.

A neutralidade na empresa privada é um meio de preservar o interesse coletivo; nessa medida, ela não pode ser vivida como um objetivo. Permitir sua aplicação sem restrições nem controle levaria à exclusão de talentos em função de seus perfis. Uma neutralidade generalizada favoreceria a emergência de empresas comunitárias que viriam fragmentar a sociedade.

A questão que permanece em suspenso é a da definição do signo religiosos. O que faz de um signo um atributo religioso? Com base em que critérios distinguir o símbolo do signo? Como avaliar a pertinência religiosa de um signo – um peixe, uma lua crescente, uma mão, uma cruz, um trevo, uma baleia, uma cruz solar, abelhas, uma árvore? Vestir vermelho, branco, azul ou verde, não misturar as fibras naturais, tingir os cabelos de vermelho, usar barba, como diferenciar um véu islâmico de um turbante que está na moda? Na verdade, todos nós carregamos signos religiosos sem saber.

Contraverdade n. 9

Todas as religiões são religiões de amor e de paz

"Nenhuma sociedade é fundamentalmente boa; mas nenhuma é absolutamente má"[48], constatava Claude Lévi-Strauss. Assim, nenhuma cultura pode afirmar que detém a exclusividade do ódio ou do amor.

O amor expressa uma paleta de nuanças de acordo com os termos utilizados nos escritos religiosos e com a qualidade de sua tradução. A interpretação que se faz deles depende do contexto sociopolítico prevalecente na época em que são redigidos. Trata-se de amor à divindade, de amor erótico como no sedutor Cântico dos Cânticos, de benevolência, de misericórdia, ou de amor ao próximo, ao desconhecido que não é nem nossa irmã nem nosso irmão. Ninguém pode ter certeza absoluta do sentido dado ao amor nos textos bíblicos, nos evangelhos ou no Corão. Às vezes, sua acepção se limita àquela ou àquele que não se detesta.

Hoje são tratados de "sem amor" aqueles que outrora eram qualificados de "canibais", uma forma de desumanização dos outros que permitiria reconhecer os que fazem parte de seu clã, de seu povo ou de sua religião. Uma seleção vergonhosa justificada por estereótipos e maledicências.

Segundo os equívocos, a lei dos evangelhos é a do amor (Mt 12,33). Mas felizmente isso não faz dele exclusividade cristã. O amor só tem

---

48. LÉVI-STRAUSS, C. *Tristes tropiques* [*Tristes trópicos*].

sentido se partilhado, para além de si mesmo. Essa prescrição cristã tem origem especialmente no livro do Profeta Oseias que, no século VIII a.C., lembra que a divindade de Israel quer "amor e não sacrifícios" (Os 6,6). O Evangelista Marcos, por sua vez, considera que o amor a Deus "vale mais do que todos os holocaustos e sacrifícios" (Mc 12,33).

O amor não é motivo de ruptura entre judaísmo e cristianismo, já que, no século VI a.C., o terceiro livro do Pentateuco, o Levítico, código de santidade da religião judaica, já anuncia: "Amarás o teu próximo como a ti mesmo" (Lv 19,18).

Uma das regras de ouro que o fariseu Hilel o Ancião, sábio do século I, anunciará por sua vez: "Ama todas as criaturas"[49].

Quanto ao Islã, as exações de Daech, os atentados terroristas e as diversas manifestações de radicalização contribuem, infelizmente, para caricaturizá-lo como uma religião despojada de amor, tendo como único eixo a submissão a uma divindade que garante o paraíso àqueles que "matam ou são mortos no caminho de Alá"[50] – interpretação no mínimo arriscada do versículo 96 da surata 19, "Maria".

No entanto, o mesmo versículo promete que "o Misericordioso concederá seu amor aos crentes que realizarem boas obras". O amor está presente, sim, no Corão. Decerto não é o amor incondicional dos evangelhos, mas está ligado à devoção do fiel para com a divindade, avaliada por sua virtude. O amor verdadeiro só pode ser obtido através de Alá.

Segundo o sufismo, o amor é um privilégio de Deus assim como dos homens e das mulheres[51]. "Ama-me, pois Alá me ama"[52], declara o teólogo e pensador Al-Ghazali, cujo título "Hujjat al-Islam", "Autoridade do Islã", lhe é reservado na tradição sunita.

---

49. *Talmud*, Avot 1,12.

50. WALTER, J.-J. *Les 2 islams*: islam des Lumières contre islam radical [Os dois islãs: Islã das Luzes contra Islã radical]. Éd. Télémaque, 2017.

51. In AL-FUTUHAT AL-MAKKIYYA, K. *Traité de l'amour* [Tratado do amor]. Albin Michel, 1986, p. 37. Apud: AÏT SABBAH, F. *La Femme dans l'inconscient musulman* [A mulher no inconsciente muçulmano]. Op. cit., p. 18.

52. AL-GHAZALI. *Hujjat al-Islam*. Vol. IV, p. 594.

O amor é o princípio da existência universal, um amor que engloba a sociedade inteira, declama o teólogo andaluz Ibn Arabi (1165-1240) em um de seus poemas. O próprio conceito de amor é ditado pelo meio social e pela percepção que se tem dele. O Islã do Ocidente não é o Islã do Paquistão nem o do Golfo. O amor cumpre, também aqui, seu papel de mediador benevolente na relação com o outro.

Reduzir o Islã a uma religião sem amor e guerreira é de fato uma contraverdade. Resumi-lo como movimentos arcaicos desprovidos de empatia ou de bondade é uma caricatura que não reflete a realidade da mensagem contida no Corão e que serve às correntes integristas de todos os lados e a uma minoria que sonha com teocracia.

Todas as religiões trazem uma esperança que se inscreve no território de sua edificação. Uma esperança de reciprocidade que se traduz numa expressão do Buda: "O Buda aconselha a nunca ofender os outros por meios que nós mesmos acharíamos ofensivos".

Na Índia, Mahavira, último mestre ativo do jainismo[53] do século VI a.C., aconselha a cada um que trate todas as criaturas deste mundo "como ele mesmo gostaria de ser tratado".

"Não faças aos outros o que não queres que te façam", prescreve Hilel o Ancião. Seguindo seus passos, o Evangelista Mateus anuncia por sua vez: "Tudo o que desejais que os outros vos façam, fazei-o também a eles" (7,12). O Apóstolo Lucas desenvolve o mesmo princípio: "O que desejais que os outros vos façam, fazei-o também a eles" (6,31). O Profeta Maomé declarava: "Nenhum de vós é verdadeiro crente enquanto não desejar para seu irmão o que deseja para si mesmo" (Al-Bukhari, *sahih* n. 13). Amor, paz e fraternidade fazem parte do projeto divino, seja qual for a confissão que se abrace. Nenhuma religião é arcaica em essência, só os comportamentos dos homens podem sê-lo.

---

53. Religião provavelmente surgida por volta dos séculos X ou IX a.C., que tem perto de 10 milhões de fiéis no mundo, entre ascetas e laicos, a maioria na Índia.

Contraverdade n. 10

Houve uma época áurea na Andaluzia em que judeus, cristãos e muçulmanos viviam em harmonia

Entre os séculos VIII e IX, o mundo muçulmano conheceu uma época áurea da astronomia, da astrologia, da matemática e da geometria, e também da medicina e da geografia. Uma dinâmica científica e intelectual ligada à extensão das terras conquistadas pelas nações árabes entre 632 e 751, das fronteiras mediterrâneas, mesopotâmicas e persas até as portas da Índia, passando por Bizâncio e pela Ásia Central. A riqueza dos intercâmbios, a tradução para a língua árabe dos filósofos e dos cientistas gregos, latinos e indianos dinamizam então as ciências e o artesanato. Ao mesmo tempo, animados pela vontade de promover sua religião, califas e doutores do Islã impõem o árabe como idioma oficial nos territórios muçulmanos e fecham as portas à interpretação do Corão por movimentos filosóficos heterodoxos. Os mais surpreendentes pensadores muçulmanos, hoje admirados, com frequência eram marginalizados por seus contemporâneos sob pressão das elites religiosas, teólogos e ulemás: Al-Razi (854-925), Avicena (980-1037), Averróis (1126-1198) ou ainda Ibn-Khaldun (1332-1406).

O declínio dessa fase próspera já afetada pelas cruzadas sucessivas começa tradicionalmente em 1206, com as invasões mongóis lideradas por Gêngis Khan. A destruição de Bagdá em 1258 marca seu termo. Depois, o recomeço de uma dominação muçulmana estende-se pelo Império Otomano, do final do século XIII até a dissolução do califado em 1922.

O mito de uma época áurea na Andaluzia

Se uma era de progressos intelectuais ocorreu de fato durante esse período, a situação das populações não muçulmanas não foi tão florescente quanto afirma o mito, nascido na Europa das Luzes, de uma Andaluzia feliz em que teriam coexistido em bom entendimento, de 711 a 1492, as três religiões monoteístas.

"Al-Andalus" é, realmente, considerada uma terra acolhedora por muitos judeus, assim como pelos cristãos pertencentes a movimentos julgados hereges pela Igreja de Roma. Entretanto, a conversão ao Islã continua sendo a melhor opção para viver tranquilamente num território do mundo muçulmano e, para as vítimas dos piratas do Mediterrâneo, um meio eficaz de escapar do mercado de escravos. Essa adesão, entretanto, obriga-as a prestar serviços numa família muçulmana com o *status* de *mawâli*, que designa ao mesmo tempo o neófito não árabe e um escravo alforriado. A apostasia é passível de pena de morte, sendo que o *mawâli* é submetido então ao suplício da empalação.

No entanto, a Andaluzia muçulmana não escapou da institucionalização da *dhimma*, ou "Pacto de Umar". Os "povos do Livro", judeus, cristãos e às vezes zoroastrianos, que vivem sob dominação muçulmana, são relegados ao *status* de *dhimmi* ("protegido"). Foi o Califa Umar (584-644) que, aconselhado pelo patriarca de Jerusalém, organizou esse sistema de proteção dos não muçulmanos, garantindo sua segurança e sua autonomia religiosa em troca de um tributo específico, a *jizya*. Essa condição das minorias continuará vigorando até a queda do Império Otomano. Naturalmente, o montante exorbitante da taxa desencadeará um movimento de conversão ao Islã, que não atenderá às contas dos califados. A partir de 720, com o objetivo de aumentar a receita, todo proprietário de terras outrora não muçulmanas deverá pagar um novo imposto fundiário, o *kharâj*.

Protegido ou submisso?

O *status* de *dhimmi* implica também cláusulas de comportamento, sempre não igualitárias e com frequência humilhantes. É proibido ao *dhimmi* possuir armas, o que o torna alvo fácil. Ele não pode circular a cavalo, apenas a pé ou em lombo de burro. Deve ser identificado como judeu ou cristão à primeira vista. Para isso, deve vestir trajes identificáveis pelo feitio e pela cor. Uma insígnia amarela é imposta aos judeus pela primeira vez por um califa de Bagdá, no século IX. Nos banhos públicos, os sinais distintivos são obrigatoriamente pendurados no pescoço. O *dhimmi* deve demonstrar deferência aos muçulmanos que encontra. Na rua, deve andar rapidamente, manter os olhos baixos e passar à esquerda, ou seja, o lado impuro, de todo muçulmano com quem cruza. As procissões religiosas são proibidas e a prática do culto deve ser silenciosa. Nenhum novo lugar de culto pode ser construído; só os edifícios antigos são suscetíveis de ser reformados, desde que não ultrapassem a altura de uma mesquita. Toda violência de um *dhimmi* para com um muçulmano é considerada uma ofensa capital. Portanto, é proibido responder aos insultos e aos apedrejamentos de que possa ser alvo um judeu ou um cristão. Evidentemente, o casamento de um *dhimmi* com uma mulher muçulmana é proscrito e passível de pena de morte.

Certamente essas exigências parecem insuportáveis. Entretanto, para os judeus elas pareciam preferíveis a seu *status* em terra cristã. Acusados na França de serem responsáveis pela morte de Cristo, eles sofrem de fato terríveis perseguições na zona de influência das cruzadas, especialmente por volta do ano 1000, em que se multiplicam expulsões em massa, confiscos de bens e conversões forçadas. Os judeus devem, além do mais, usar um chapéu pontudo, em forma de cone, branco, preto ou amarelo, ou um turbante. Em 1215, o Concílio de Latrão IV lhes impõe roupas distintas das usadas pelos cristãos. Em 1227, São Luís obriga os judeus da França a ostentarem sobre suas roupas uma rodela, um círculo de tecido, particularmente infamante, simbolizando os 30 dinheiros que teriam sido entregues a Judas por ter traído Jesus. Em 1231, o uso de uma rodela amarela é exigido de seus correlegionários da Espanha.

Portanto, jamais houve época áurea durante a qual teriam convivido harmoniosamente as três religiões monoteístas, nem na Andaluzia nem na França. Entretanto, o Islã não é a única religião a ter organizado um *status* inferior das minorias em seu território.

Contraverdade n. 11

As religiões monoteístas sacralizam a violência

Fazer as religiões monoteístas arcarem com a responsabilidade da violência que agita a humanidade desde que Caim matou seu irmão Abel obedece ao mesmo tempo ao pensamento declinista de um retorno inevitável ao nada, muito na moda em nossas livrarias, e à ideia rousseauniana de que o homem, bom por natureza, seria corrompido pela sociedade, cujo grande arquiteto seria a religião. Os cultos, entretanto, não inventaram a guerra, mas um caminho para sair da animosidade e do estado de natureza. Uma situação descrita por Thomas Hobbes como "estado de guerra de todos contra todos", em que o homem seria um lobo para o homem. Todos os monoteísmos – que são uma emancipação da idolatria em que as divindades personificavam as forças da natureza – desenvolvem o preceito bíblico "não faças aos outros o que não queres que te façam". Na verdade, é a lei do mais forte que é posta em causa, privilegiando os princípios de justo e de injusto, depois de bem e de mal, sobre as exações sacrificiais, rituais, iniciadoras ou inerentes ao combate.

Num cenário de anátemas, de cruzadas santas, de Inquisição, de massacres medievais de hereges, de bruxas e de judeus, de São Bartolomeu, de genocídio dos ameríndios e de terrorismo islamita, pensadores contemporâneos não hesitam em reduzir o judaísmo, o cristianismo e o Islã ao culto de uma violência sagrada. Esses detratores, que percebem em todo conflito uma guerra santa e em todo combatente converso um mártir, afirmam que os monoteísmos, obedecendo a uma estrutura ideológica, estimulam, justificam e sacralizam uma violência que se teria infiltrado insidiosamente nos movimentos políticos não religiosos.

Sem falar na dimensão psicológica da radicalização e do fanatismo, eles esquecem o fato de que em 66 os zelotes se insurgiram contra Roma porque queriam retomar o controle de seu destino libertando a Judeia e a Galileia do jugo do Império, e não impor sua religião ao invasor ou aos povos vizinhos. A grande revolta dos judeus não era uma guerra de religião, mas a rebelião clássica de uma população subjugada em busca de liberdade.

Ignorando a motivação comercial e financeira da conquista do Novo Mundo pelas nações ocidentais, reduzem as religiões monoteístas a organizações criminosas. De acordo com eles, então, a cultura resultante delas seria violenta e condenável; portanto, ilegítima.

Uma acusação que não resiste à leitura dos textos bíblicos

Isaías, profeta bíblico do século VIII a.C., anuncia tempos em que a justiça cingirá os homens. O lobo e o cordeiro pastarão juntos. O leão e o boi comerão palha, o leopardo habitará com o cabrito. Desaparecendo o medo do outro, a vaca e o urso partilharão o mesmo pasto. Depois os profetas Oseias e Ezequiel prometerão uma Aliança de paz. O Deus bíblico romperá "o arco, a espada e a guerra" (Os 2,20; Ez 34,25).

O termo hebreu *shalom*, que se traduz por "paz", implica uma noção de perfeição e designa, assim, um estado de harmonia. Utopia, introduzida pelo Deus bíblico numa humanidade que se dilacera incessantemente, a paz é considerada a maior das bênçãos. Todas as orações importantes do judaísmo terminam com um convite à concórdia. Numa época em que a guerra é o estado natural das sociedades humanas, só as trevas se sucedem, pelo tempo suficiente de recuperar forças para voltar à batalha. Nenhum rei assírio, nenhum faraó busca uma paz eterna, mas estender o território de adoção colocado à disposição de seu povo pelos deuses. Será preciso esperar os textos bíblicos para que a paz seja elevada à categoria de valor supremo. Objetivo último da Torá, o estado de não guerra inscreve-se no projeto de uma humanidade reunida em torno de uma divindade única. Shalom é, com efeito, um dos nomes atribuídos ao Deus bíblico e uma das denominações do Messias.

As sete leis de Noé, supostamente reveladas a ele pelo Todo-poderoso depois do episódio do dilúvio, não organizam uma violência sagrada. Ao contrário, elas regulamentam as relações entre os mais fortes e os mais fracos. O artigo 1 impõe o dever de estabelecer um sistema de justiça civil; o artigo 2 proscreve o falso testemunho; o 3 rejeita a idolatria; o 4 condena o incesto; o 5, o assassinato; o 6, o roubo e o 7, a crueldade sob todas as formas para com os animais. Não se encontra nada que estimule um culto da violência. Os dez mandamentos transmitidos a Moisés retomam a interdição da idolatria, as relações entre as gerações, a obrigação de não cobiçar os bens do próximo e a instauração de um dia de descanso uma vez por semana, o *shabat*. O decálogo estabelece, portanto, as novas condições de uma aliança contratual com uma divindade sem aparência nem sexo, ausente e presente por toda parte, invisível e universal. De todo o *corpus* bíblico do judaísmo, só esses mandamentos são considerados proclamações divinas. No cerne do judaísmo e do cristianismo, inspirações do Corão, eles constituem o núcleo moral do monoteísmo. Nenhum deles exorta à guerra, ao sacrifício humano ritual ou ao uso da força. Na realidade, o judaísmo não é uma religião revelada da mesma maneira como o cristianismo ou o Islã, mas uma legislação de autoridade divina. Longe de propor uma verdade transcendente, Noé e Moisés oferecem regras de vida coletiva.

O monoteísmo traz, portanto, a esperança de uma paz universal, uma espécie de *Pax judaica*, em que o Messias seria uma espécie de árbitro supremo entre as nações, o juiz dos conflitos evitáveis e inevitáveis, mas nunca hereditários. O Evangelho de Mateus (5,9) proclama, por sua vez: "Felizes os que promovem a paz, porque serão chamados filhos de Deus".

O Evangelista João lembra que Jesus Cristo deixou para os homens o dom da paz (14,27). O próprio nome *islã* resulta especialmente da raiz SLM, *salâm*, a "paz". De acordo com um hádice de Abdullah ibn Salam, teólogo judeu convertido ao Islã, a primeira palavra do Profeta Maomé ao entrar em Medina em 622 é uma promessa de paz. "Ó vós, povo, espalhai a paz."

"O Corão é um livro de paz", lembrara o Papa Francisco em sua estada na Turquia em 2015.

O equívoco de que as religiões monoteístas são a causa das guerras e a fonte da violência dos homens é uma redução, mas não uma verdade.

As religiões não monoteístas são pacifistas?

Uma revolução pode mesmo evitar que ela faça correr sangue? A Revolução Francesa, com sua guilhotina que não tinha tempo de secar, cortou 40 mil cabeças em um ano de terror (1793-1794); ela se inscreve, no entanto, numa violenta ruptura com a Igreja. A Revolução Russa, verdadeira guerra civil internacional e antirreligiosa, provocará aproximadamente 20 milhões de vítimas. A Segunda Guerra Mundial, que causou 45 milhões de mortes em 5 anos, não foi desencadeada por uma autoridade religiosa e não obedecia a um projeto religioso.

Certamente, Mahatma Ghandi é com justa razão apresentado como um pacifista; entretanto, sua oposição ao ocupante britânico, embora levada a efeito através de uma violência não convencional, era uma verdadeira guerra. "A não violência não consiste em renunciar a lutar contra o mal", ele declarava, acrescentando que ela é "infinitamente superior à violência".

Essa "violência assimétrica" não foi escolhida pelo hinduísmo nacionalista que, com 966 milhões de fiéis na Índia, considera como ameaça os 172 milhões de muçulmanos e os 27 milhões de cristãos que vivem lá.

Diferentemente das violências que opõem os hindus aos sikhs ou aos cristãos, os confrontos entre hindus e muçulmanos são testemunhados na Índia desde o século XIV. Mas, com a perspectiva de ver a Índia contar em 2050 com o maior número de muçulmanos no mundo (mais de 310 milhões de fiéis), conflitos muito duros entre os adeptos das duas confissões dilaceraram o país. Os hinduístas conduzem uma espécie de cruzada religiosa com base em tradições alimentares. De fato, favorecem uma alimentação vegetariana e dedicam um culto à vaca sagrada, ao passo que os muçulmanos consomem carne e abatem vacas e carneiros.

Linchamentos e assassinatos, estupros coletivos e perseguições diversas aceleram-se há algumas décadas. Os que comem carne são considerados demoníacos. "Só há dois lugares para os muçulmanos, o Paquistão e o cemitério", escandem os insurgentes. Em 1992, a mesquita de Ayodhya é destruída por hinduístas. Os confrontos entre hindus e muçulmanos farão mais de 2 mil vítimas. Em 2012, os choques que abalam o Estado de Assam levarão a cerca de cinquenta vítimas e cerca de 400 mil pessoas serão desalojadas.

Durante os seis primeiros meses de 2017 foram recenseadas vinte agressões a muçulmanos, acusados especialmente de ter comido carne. Três açougues que comercializavam carne bovina foram incendiados no bairro de Uttar Pradesh. Vários estados passaram a proibir o abate de bovinos e, em março de 2017, o Gujarat adotou um texto que torna passível de 14 anos de prisão toda pessoa que matar uma vaca.

O budismo não escapa à violência religiosa

O Sri Lanka, que conta 70% de budistas, é palco de provocações e violências contra os cristãos, orquestradas particularmente pelo Bodu Bala Sena, grupo nacionalista filiado a um movimento radical mais amplo que se propaga perigosamente pelo Sudeste Asiático. Em 2014, cerca de 60 igrejas e centros de oração evangélicos foram alvos de extremistas budistas. No ano anterior, 120 locais cristãos e aproximadamente vinte mesquitas tinham sido atacados.

A partir de 1962, o nacionalismo budista estende-se pela Birmânia, denunciando uma islamização da nação, ao passo que os muçulmanos representam apenas 4,3% da população. Entretanto, a crise atual dos rohingyas abrange apenas o Arakan, pequeno Estado pobre, de cerca de 2 milhões de habitantes da comunidade budista do

Arakan e cerca de 1 milhão de muçulmanos rohingyas, acusados de quererem apropriar-se da terra. Estes últimos foram excluídos das 135 etnias oficialmente reconhecidas pelo Estado birmanês. Uma lei de 1982 retirou-lhes a cidadania birmanesa, tornando-os apátridas, sem nenhum direito e praticamente nenhum acesso ao trabalho.

A partir de 2012, a repressão exercida contra esse povo se acelerou. As perseguições se multiplicam para se transformarem, segundo os termos da Organização das Nações Unidas (ONU), em "limpeza étnica". Um relatório do Human Rights Watch, publicado em dezembro de 2017, constata um massacre sistemático perpetrado pelo exército birmanês, ajudado por membros da etnia budista rakhine. A prática de estupros coletivos e a descoberta de ossários acrescentam à depuração étnico-religiosa o crime contra a humanidade. Em apenas um mês do verão de 2017, mais de 6 mil rohingyas foram mortos, dos quais mais de 700 crianças. Hoje, 900 mil deles estão instalados em Bangladesh, no maior campo de refugiados do mundo.

Evidentemente, essas exações, cometidas em nome da legitimidade hinduísta ou budista, não obedecem a uma regulamentação teológica, mas às tradições muito humanas do culto à semelhança, de rejeição do outro, do estrangeiro, daquele que não é legítimo num território sacralizado. Lembremos que são os seres humanos, e não os textos religiosos, que fazem as guerras. A maioria dos djihadistas só tem uma vaga impressão da religião que eles assumem. Esses terroristas contemporâneos buscam em interpretações imprecisas do Islã a fundamentação de seu recurso à violência.

Há realmente tantas interpretações dos textos religiosos quantos indivíduos, tantas sevícias quantos territórios de adoção. O Deus único dos monoteísmos está bastante só para acalmar essa humanidade caimita que acredita preservar sua existência tirando a vida dos outros. Aos olhos dos homens, nenhuma revolução, nenhuma renovação do mundo é possível fora da morte, sem a qual nada poderia renascer. As religiões monoteístas vieram abolir essa brutalidade e criar as condições para o advento de uma paz eterna, tendo como único desejo de violência o de exterminar o assassino adormecido em cada um.

EQUÍVOCOS SOBRE O JUDAÍSMO

Contraverdade n. 12
Os judeus são canibais

Arquétipo da rejeição do outro, acusar uma comunidade, frequentemente em inferioridade numérica, de assassinato ritual, de consumir sangue humano e finalmente de canibalismo não é simplesmente uma informação falsa, mas sintoma de um conflito latente com seres cujos costumes são diferentes.

Fragilizados por sua situação de minoria, com frequência desenraizados, os alvos dessas acusações são na maioria das vezes destinados a julgamentos precipitados e a condenações coletivas à fogueira. Linchamentos, torturas e outros tratamentos de desfavor atravessam os séculos, as regiões, as culturas.

A China do século XIX acusava missionários cristãos de roubarem o coração e os olhos das crianças chinesas para fabricarem objetos mágicos.

A sociedade cristã dos séculos XVII e XVIII dividia os "outros", os não cristãos, entre "bons selvagens" e canibais.

São Jerônimo já acusava de antropofagia os attacotti, tribos celtas da Bretanha, para melhor marcar a fronteira entre cristãos e pagãos. Os judeus, vítimas do "mais longo ódio"[54], serão por sua vez rapidamente suspeitos de beber o sangue de jovens cristãos, reformulando o antigo estereótipo do judeu canibal, responsável por terríveis assassinatos cerimoniais, por crianças degoladas e depois devoradas. João Crisóstomo, Pai da Igreja, tratava-os de "porcos" e

---

54. WISTRICH, R. *Antisemitism*: the Longuest Hatred [Antissemitismo: o mais longo ódio]. Thames Methuen, 1991.

de "bodes", de glutões que "viviam apenas por sua barriga". Ao que parece, ele se esquece de que o ódio pelo judeu expressa antes de tudo o ódio por Cristo. Acaso o Rei Faiçal, da Arábia Saudita, não havia acusado os fariseus de serem culpados de crimes rituais?[55]

Enquanto os teólogos do Islã louvam a devoção dos judeus e Al-Ghazali dá como exemplo aos muçulmanos a tenacidade da fé judia, o islamismo contemporâneo, apoiado em versículos de outra época, recorre a um antissemitismo primitivo. Baseia-se especialmente no versículo 51 da surata 5, que proíbe aos fiéis terem amizade com judeus. Uma prescrição que deve, evidentemente, ser avaliada em função do contexto social e político do século VII no Oriente Próximo. Associar o teor desse versículo a relações contemporâneas equivaleria a prosseguir hoje a Guerra dos Cem Anos com os ingleses, ou a considerar os alemães inimigos da França.

Hoje, o islamismo, dividido, até mesmo fragmentado – e do qual 90% das vítimas são de confissão muçulmana –, só consegue se unir em torno de um antijudaísmo primário – acusando os judeus de terem falsificado a palavra divina – sem justificação nem bravura, mas cheio de um fervor ignorante. Essa atitude hostil finge desconhecer que sem judaísmo não haveria cristianismo nem Islã e que, sem judeus, não teria havido nem Adão, nem Noé, nem Abraão, nem Moisés, nem Jesus.

A judeofobia é sinal de uma sociedade doente, em busca de uma cura mágica. O judeu, essencialmente estrangeiro, já que proibido de voltar à terra da Judeia, e particularmente a Jerusalém, desde a segunda revolta judeo-romana de 135, torna-se causa de todas as catástrofes. A peste e o cólera lhe são imputáveis, como se sabe! Ele envenena os poços dos povoados e devora o corpo de Cristo comendo doces de hóstias sanguinolentas! Não é uma ameaça da qual seria preciso se proteger, mas uma vítima sacrificial para expurgar as próprias fraquezas. Nem o cristianismo nem o Islã inventaram o ódio

---

55. Cf. L'antisémitisme et le monde musulman [O antissemitismo e o mundo muçulmano]. In: GERBER, G.S.; BERGER, D. (orgs.). *Histoire et haine* – Les dimensions de l'antisémitisme [História e ódio – As dimensões do antissemitismo]. Filadélfia: JPS, 1986, p. 88.

aos judeus. Essas religiões simplesmente lhe trouxeram um significado teológico, certamente ilegítimo, mas apesar disso uma tradição! Sucessivamente escravizados, expulsos, arruinados, massacrados ou queimados vivos, os filhos de Israel parecem condenados à errância perpétua por terem trazido os dez mandamentos ao mundo: não matarás; não roubarás; respeitarás teu pai e tua mãe etc. Palavras insustentáveis, não é? O ódio ao judeu é um marcador social. Uma tradição que não se trai, mas se alimenta dos fracassos de uma geração para outra. Pois ela é na verdade o sintoma do ódio ao outro.

A invenção do antijudaísmo

Os primeiros textos que apontaram os equívocos para os judeus são conhecidos desde o século IV a.C., ou seja, um milênio antes do Islã. É a Manetho, alforriado egípcio de Alexandria que se tornou padre e cronista, que devemos essa prosa antijudaica. Esse historiador dúbio publicou, de fato, um longo panfleto contra os judeus, uma litania de calúnias cujo eco alimenta ainda hoje as piores afirmações. Ele os descreve como um monte de leprosos, impuros, cegos e coxos expulsos *mani militari* pelo Faraó Tutmósis (1504-1492 a.C.). Para uma grega ou uma egípcia, seria mais desprezível casar-se com um judeu do que com um filho de escravo. No limite exterior da alteridade, tratar alguém de "judeu" é a pior das injúrias.

Evidentemente, Manetho odiava essa sociedade bíblica, seus costumes, sua Torá, aquela Lei insuportável sempre na testa como um sinal e no braço como um escudo e aquele Deus único, invisível e onipresente, que ousava enfrentar o mundo helenístico, a *Ilíada* e a *Odisseia* com seus heróis, seus semideuses e suas divindades. Bárbaros por essência, os judeus lhe apareciam como os inimigos da civilização. Agitadores com seu rito de circuncisão, seus interditos alimentares e sua rejeição às imagens, segundo ele trariam o caos à mais bela civilização do mundo. Moisés contra Homero, o duelo abalará o mundo mediterrâneo durante cerca de oito séculos. E quando Júpiter finalmente for vencido por Javé, o Imperador Teodósio, em 380, proclamará o cristianismo religião de Estado. Uma vitória bíblica, certamente, que, no entanto, anunciará o fim de seus inventores.

O ódio aos judeus toma forma em Alexandria num cenário de reivindicação social. Essa cidade, fundada por Alexandre o Grande, em 332 a.C., no delta do Nilo, não se encontra precisamente no Egito. É um enclave grego em sua fronteira. Por isso a proibição formulada aos hebreus do Êxodo de voltar ao país não se aplica a Alexandria[56]. A população judia lá se instala, em prejuízo dos egípcios, que se veem relegados ao nível inferior da escala social. No primeiro nível dessa escala encontram-se os gregos, depois vêm os judeus, que veem naquele lugar uma verdadeira Terra Prometida. A comunidade nomeia seu próprio senado, desenvolvendo uma classe média influente. Cidadãos de Alexandria, os judeus são autorizados a não adorar nem os deuses gregos nem as divindades egípcias e a construir numerosas sinagogas em todos os bairros da cidade. No século II a.C., entre 250 e 150, o Pentateuco, Bíblia do judaísmo, lá será traduzido pela primeira vez do hebraico sagrado para o grego, para resultar na Septuaginta. As populações egípcias não se opõem aos gregos, muito poderosos, mas à classe intermediária representada pelos judeus. Encurralados entre essas duas categorias sociais, os judeus de Alexandria aos poucos são marginalizados. A extravagância das afirmações caluniosas sobre sua sociedade, sobretudo por parte de Manetho, leva à sua desclassificação. No século I, o alexandrino Apion, gramático e panfletário, difunde em Roma um folheto antijudaico. Mentiras que se transformam em equívocos, depois em verdades indiscutíveis. Acusados de quererem desestabilizar o Império, os judeus são expulsos de Roma por Tibério. Sob Calígula, eclodem em Alexandria sangrentas rebeliões antijudaicas. Uma injustiça que, entre 93 e 96, leva Flávio Josefo a responder por meio de um livro às acusações injuriosas de Apion, que descreve os judeus como párias, leprosos e ladrões. O polemista alimenta com essas calúnias a emergência de um antissemitismo que não arrefecerá mais, contribuindo, sob Trajano, para justificar o massacre da comunidade judaica de Alexandria.

---

56. "É permitido que vivas em qualquer lugar do mundo, salvo no Egito" (*Leis dos Reis – Tratado Sanhedrin*, cap. 5, par. 7).

O fim miserável de Apion soa como um castigo divino, pois foi obrigado a ser circuncidado na esperança de se curar de uma "úlcera das partes sexuais" e morreu de uma gangrena, em meio a atrozes sofrimentos[57]. Mas os equívocos que ele havia difundido espalharam-se como peste. Segundo ele, o descanso do shabat fora instituído depois de seis dias de fuga desenfreada, porque os hebreus estavam afetados por tumores na virilha. Furioso com a liberdade religiosa desfrutada pelos judeus de Alexandria, ele também espalhou o boato de que, no seu templo, eles dedicavam um culto a um burro cuja cabeça de ouro era de valor considerável. Acabou por relatar a pior maledicência lançada por Manetho: uma fábula popular, que associava judeus, assassinato ritual e canibalismo. Fórmula mágica diabólica: dois milênios depois, essa fábula urbana continua tendo o mesmo sucesso.

Até Voltaire juntou-se à matilha. Baseando-se numa interpretação errada de uma passagem do Livro da Sabedoria, ele divulga em seu *Dicionário filosófico* o canibalismo judeu: "Digo-vos que vossos pais imolaram seus filhos e invoco o testemunho de vossos profetas. Isaías censura-lhes esse crime de canibais".

Os judeus teriam a tradição mórbida de se apoderar uma vez por ano de um viajante grego, engordá-lo durante 1 ano, depois levá-lo para uma floresta, onde o infeliz seria sacrificado. Saboreariam então as entranhas da vítima antes de jogar seus restos numa cova. O equívoco atravessou a Europa, a Inglaterra em 1144, a Alemanha em 1147 e a França. Em 1171, em Blois, o desaparecimento de uma criança cristã, cujo corpo jamais será encontrado, provocará a prisão dos 169 judeus da cidade: 38 deles, entre os quais 17 mulheres, serão queimados vivos.

O delírio que considera os adeptos do judaísmo "bebedores de sangue" se difunde com a velocidade da peste, a ponto de o Papa Inocêncio IV, em 1247, promulgar uma bula tratando dessas acusações. Nela ele lembra que a "Sagrada Escritura proíbe aos judeus cometerem assassinato", e acrescenta que "eles são acusados equivocadamente de partilhar na Páscoa o coração de uma criança assassinada". "São perseguidos tomando-se por pretexto essas fá-

---

57. Cf. FLAVIUS JOSÈPHE. *Contre Apion* [FLÁVIO JOSEFO. *Contra Apion*], livro II, p. 143.

bulas [...] escarnecendo de toda justiça." Um grande esforço que não impedirá a propagação dos diz que diz que e tampouco fará com que sejam poupadas milhares de vítimas judias, no melhor dos casos banidas e, no pior, mandadas para a fogueira.

Em Berna, em 1294, depois do assassinato de uma criança imputado aos judeus, a comunidade é expulsa e, algumas décadas depois, é erigido na cidade um monumento perpetuando a acusação de assassinato ritual, o *Kinderfressenbrunnen* (o Poço do comedor de crianças), visível ainda hoje. Bruxelas em 1370, o Tirol em 1573 e depois a Baviera em 1462 retomam o tema da profanação do corpo de Cristo através da profanação das hóstias. Em 1840, o Caso Damasco leva à prisão de treze judeus acusados de terem cometido um assassinato ritual. Esse assassinato de um monge cristão e de seu empregado doméstico, a fim de recolher seu sangue para a refeição pascal, remete às calúnias de Manetho.

Essas alegações prosseguem a passos lentos seu caminho devastador, verdadeiro veneno para uma democracia, mais eficaz ainda do que os terríveis *Protocolos dos sábios de Sião*, tecido de mentiras publicado em 1901, descrevendo a estratégia de aniquilação do cristianismo e de conquista do mundo pretensamente elaborada por judeus e franco-maçons. Redigido por um ex-informante da polícia secreta do Império Russo, esse documento servirá como argumento para Hitler, em *Mein Kampf*, demonstrar a periculosidade do complô judeu.

Em 1910, em Chiraz, no Irã, doze judeus são assassinados em resposta a um equívoco de assassinato ritual. Em 1946, sobreviventes do Holocausto que desejam recuperar suas terras confiscadas durante a Segunda Guerra Mundial são acusados do mesmo crime pela população polonesa da região de Kielce, que desencadeia um *pogrom*.

A partir de 1969 surge o "equívoco de Orleans": mulheres teriam sido raptadas, para serem prostituídas, nas cabines dos provadores de lojas de roupas de proprietários judeus, equívoco que se propagou para outras cidades do interior, como Amiens.

70

Em 2008, cartazes são distribuídos no sudoeste da Sibéria, alertando as famílias cristãs contra judeus que utilizam o sangue de adolescentes para confeccionar o pão ázimo de Páscoa. Em 2009, um jornalista sueco à procura de um furo de reportagem acusa o exército israelense de ter retirado órgãos de mais de mil crianças palestinas. O pseudojornalista se retratou, mas o mal estava feito, e o equívoco se espalhou pelo mundo árabe.

O equívoco ainda fez estragos em 2018

No âmbito de uma pesquisa sobre o assassinato do último czar, Nicolau II, a justiça russa retoma, em 2017, termos da propaganda antijudaica evocando a pista de uma execução ritual. Acusações imediatamente repetidas por um dignitário da Igreja Ortodoxa. Na realidade, num cenário de ódio histórico aos judeus, os acusadores tentam simplesmente isentar o povo russo no "caso do assassinato da família imperial", cujo centésimo aniversário a Rússia comemora em 2018.

Acusem-se os judeus desse tipo de exações, acrescente-se uma dose de canibalismo e de fórmulas mágicas à base de sangue, e teremos uma máquina de desumanizar uma comunidade, que levou a uma tentativa de extermínio em meio a uma indiferença quase geral na Europa.

Em dezembro de 2017, o presidente da Turquia, Recep Tayyip Erdogan, retomava como sua a acusação arcaica dos judeus matadores de crianças: "Não abandonaremos Jerusalém à mercê de um Estado que mata crianças!"

Equívocos e contraverdades devem ser combatidos. É irresponsável apenas varrê-las com o dorso da mão sob pretexto de que suas afirmações são incoerentes, mentirosas ou simplesmente inconcebíveis. Ora, um jornalista egípcio do jornal *Al-Youm Al-Sabih* não havia proposto, em 2014, perseguir Israel na justiça, a fim de obter reparações financeiras pelas dez pragas infligidas pelo Deus bíblico ao povo do Egito a pedido de Moisés? A fé do carvoeiro não tem por medida sua ignorância abissal? Não se deveria deixar, portanto, que essas palavras galopassem como cavalos loucos. Pois não é porque uma afirmação é incrível que ela não é acreditada.

Contraverdade n. 13

O uso da quipá é uma obrigação do judaísmo

Aquele solidéu tradicionalmente usado pelos judeus praticantes não é uma obrigação do judaísmo e não é prescrita na Torá nem no Talmud.

As opiniões divergem sobre esse tema. Sábios do judaísmo acham que só é necessário cobrir a cabeça dentro de uma sinagoga ou no momento das preces ou dos estudos. Na Idade Média, vários rabinos afirmam que nenhum texto proíbe um judeu de estar fora de casa sem chapéu. Na realidade, nenhum texto da Torá impõe a um judeu que traga na cabeça um chale, um turbante ou uma quipá.

Só dois textos permitem estabelecer uma ligação entre os escritos bíblicos e o uso da quipá.

O Livro do Êxodo diz que "para os filhos de Aarão farás túnicas, cintos e turbantes em sinal de honra e distinção" (28,40). O uso da quipá seria então reservado aos sacerdotes, especialmente quando se aproximam do altar dos sacrifícios. Entretanto, desde a destruição do Templo de Jerusalém em 70 e a abolição dos sacrifícios, os oficiantes desapareceram.

Depois vem a frase do Profeta Ezequiel: "Trareis o turbante na cabeça, os calçados nos pés" (24,23), que permite uma ampla interpretação mas nenhuma certeza, uma vez que o texto se inscreve no contexto da profanação do Santuário de Jerusalém.

Os comentários procedentes do Talmud (ou "Estudo") refletem discussões e interpretações da lei judaica, ensinamentos e opiniões de "mestres" do judaísmo, reunidos por um período de sete séculos, entre o século II a.C. e o V d.C. O Talmud da Babilônia, cuja primeira edição teria circulado por volta do século V, relata que o sábio Houna "não andava quatro côvados com a cabeça descoberta, por respeito à *Shekhina* ou presença divina". Uma exegese compartilhada por Moïse Nahmanide, influente rabino do século XIII: a quipá vista como a advertência de que Deus, Autoridade suprema, está sempre acima de nós.

No século XVI, o *Shulkhan Arukh*, código da lei judia compilado pelo Rabino Joseph Caro, legifera "que é proibido andar quatro côvados, ou seja, dois metros, de cabeça descoberta". Apesar disso, o Talmud não é um texto sagrado e não contém prescrições divinas, apenas suas interpretações. Aliás, no século XI, os comentários de Rachi (1040-1150) sobre a Bíblia e o Talmud não constatam nenhum particularismo de vestimenta para os judeus[58]. Nos séculos XII e XIII, os judeus não se empenham em exibir ostensivamente sua fé por vestimentas, exceto quanto à prescrição mosaica de usar franjas, os *tzitzits*, que supostamente lembram ao fiel os mandamentos divinos que devem ser respeitados (Nm 15,18-40).

Na realidade, se por um lado a quipá é percebida como um sinal de devoção e de submissão a Deus, por outro lado o chapéu pontudo só foi imposto aos judeus no mundo cristão depois do Concílio de Latrão IV, que exigia em 1215 que os membros da comunidade deles fossem reconhecíveis por suas roupas e seus chapéus, a fim de que se pudessem distingui-los dos cristãos[59]. No mundo muçulmano, o Pacto de Umar já impunha aos *dhimmi* judeus, desde 717, que se distinguissem usando um chapéu vermelho ou amarelo.

Em 1234 aparece, por ocasião do Concílio de Arles, um acessório para as mulheres cobrirem a cabeça, a *oralia*. Em 1269, São Luís, na véspera de sua partida para a oitava cruzada, impõe aos judeus

---

58. CATANE, M. Le vêtement en France au XIe siècle d'après les écrits de Rachi [A vestimenta na França no século XI segundo os escritos de Rachi]. In: DAHAN, G.; NAHON, G.; NICOLAS, É. *Rachi et la culture juive en France du Nord au Moyen Âge* [Rachi e a cultura judaica no norte da França na Idade Média]. Paris/Lovaina, 1997.

59. Cf. a Contraverdade n. 10.

uma marca distintiva de mau augúrio, uma rodela de feltro amarelo que deve ser costurada na roupa. Em 1524, o Papa Clemente VII obriga os judeus de Avignon e do Condado Venaissino a usarem permanentemente um chapéu amarelo.

O uso da quipá não é uma obrigação religiosa, mas uma tradição, que para alguns expressa um sentimento de humildade diante de Deus. A quipá não é um sinal essencial para o reconhecimento de uma pessoa como judia. Apenas a circuncisão realizada no oitavo dia depois do nascimento de um menino continua sendo uma obrigação religiosa que indica a adesão à lei de Israel e a inscrição na Aliança divina.

Reduzir a judeidade ao uso de uma quipá é uma contraverdade. Ao se agredirem pessoas que estejam usando esse solidéu (invocando uma distinção entre a quipá dos judeus e o mesmo solidéu reservado aos padres católicos, bispos, cardeais e ao papa), o que se está atacando é a visibilidade do judaísmo no espaço público, reiterando, sem as conhecer, as palavras de Jean-Paul Sartre: "Se o judeu não existisse, o antissemita o inventaria"[60].

---

60. SARTRE, J.-P. *Réflexions sur la Question Juive*, 1946. Folio, 1985. [Ed. br.: Reflexões sobre a questão judaica. In: *Reflexões sobre o racismo*. Trad. J. Guinsburg. São Paulo: Difel, 1960. • *A questão judaica*. Trad. Mario Vilela. São Paulo: Ática, 1995.]

Contraverdade n. 14

A circuncisão é um rito próprio do judaísmo

O rito de circuncisão com frequência é considerado exclusivamente judeu, judaico-cristão ou ligado ao Islã. Não está correto. Na realidade, não há consenso sobre o significado ou as origens dessa prática.

Heródoto, geógrafo grego do século V a.c., acreditava equivocadamente que essa excisão cerimonial fosse praticada apenas pelos egípcios, etíopes e colcos, populações do Mar Negro, decerto descendentes das tropas do Rei Sesóstris.

Rito de passagem, reconhecimento de paternidade, prática mágica de proteção, sinal de juramento, de pertencimento a uma classe ou marca de aliança com uma divindade, a circuncisão é atestada na tradição do judaísmo, mas também no Egito faraônico, na Síria, no mundo árabe, na África Subsaariana, na Austrália, na América do Sul e nas ilhas do Oceano Índico.

Atestado primeiro na narrativa do Êxodo, depois no Livro de Josué, o rito de circuncisão, ou *berit mitah*, "aliança" que consiste na ablação total do prepúcio, no desnudamento total da glande e na efusão de uma quantidade mínima de sangue do pênis de um recém-nascido do sexo masculino, é realizada dessa forma no judaísmo a partir do século II a.C., depois das perseguições de Antíoco IV Epifânio, que tentou proibir os ritos tradicionais do Oriente Próximo, entre os quais a circuncisão. Uma helenização pela força das populações judias que provocou a famosa revolta dos macabeus. Depois da vitória dos judeus sobre Antíoco IV, restabelecida a monarquia em Jerusalém, o rito de circuncisão assume sua total dimensão sagrada, impondo-se então como um rito de cidadania incontornável e irreversível.

No judaísmo, o rito será estabelecido tardiamente no oitavo dia depois do nascimento de uma criança do sexo masculino, tal como ocorre entre os maias. É realizado no dia do nascimento entre os totonacas do leste do México, no segundo dia entre os wazegua da África do Sul, aos 8 anos no Taiti, aos 14-15 anos entre os agaardis da Austrália, aos 16-17 anos entre os kikuyus da África do leste, por volta de 3-4 anos entre os massais. Nas sociedades do Vaupés, região do nordeste da Amazônia, o açoitamento do pênis substitui a circuncisão com o objetivo de fazê-lo sangrar. Nas Ilhas Fidji, o prepúcio é puxado com os dedos para ser secionado.

Esse rito tem, portanto, múltiplos significados, ao mesmo tempo profanos e sagrados, sendo que nenhum deles exclui os outros. A prática de fazer o pênis dos homens sangrar teria origem no contexto da invenção da agricultura e do reconhecimento da paternidade. No norte da Síria foram descobertos fragmentos de estatuetas masculinas pertencentes à cultura Obeid, do neolítico mesopotâmico (entre o VII e o IV milênio). Um toque de pintura vermelha decora a extremidade do pênis, decerto marcando o costume da circuncisão, mas talvez também o reconhecimento da paternidade. É provável que esse rito seja também herança de um culto dáctilo-fálico, ou seja, magia simbólica dos dedos, sendo que o polegar representa a virilidade. Ele completaria assim um rito de juramento, a incisão feita no polegar comprometendo a pessoa, a do pênis comprometendo a descendência.

Um dos mais antigos testemunhos de uma prática de circuncisão por populações não egípcias é o de cinco estatuetas de bronze datadas de cerca de 3400 a.C., descobertas na planície de Antioquia, na Alta Síria. Essas estatuetas representam especialmente três homens circuncidados, de barba, capacete, com uma lança na mão. Num relevo de marfim datado do século XV a.C., exumado em Meggido, lugar da terrível batalha entre o faraó egípcio Necao II e Josias, rei de Jerusalém, um milênio depois, figuram prisioneiros cananeus, visivelmente circuncidados. Datados do século VIII a.C., sob o rei assírio Senaquerib que conquistou o norte de Israel, foram encontrados relevos no território da antiga Nínive. Representam cenas de empalação de israelitas diferenciados dos assírios por sua evidente circuncisão.

Uma estela descoberta na necrópole de Naga ed-Der, perto de Akhmin, no Egito, datada de 2180 a 2022 a.C., relata as palavras de um chefe de clã: "Quando fui circuncidado ao mesmo tempo que meus homens..." Uma circuncisão coletiva na idade adulta, que se assemelha a um rito de juramento entre guerreiros ou a um rito de proteção antes de uma batalha, situação que lembra a cena de circuncisão coletiva dos hebreus em sua chegada à Terra Prometida depois de vagarem durante 40 anos no deserto: "Então Josué fez facas de pedra e circuncidou os israelitas na colina dos Araloth" (Js 5,3).

O lugar da realização desse rito, provavelmente destinado a proteger os recém-chegados das divindades atuais do território, de fato é conhecido às margens do Jordão, nas proximidades de Jericó, pelo nome de "Colina dos Prepúcios" (sendo *araloth* o plural de *orlah*, que designa o prepúcio).

A questão interessante é a do número de circuncisões possíveis na vida de um homem. A prática nem sempre inclui a ablação total do prepúcio, que é tardia, mas feita por uma simples incisão em V da pele, portanto realizável várias vezes, conforme as circunstâncias.

A menção mais antiga à circuncisão nos textos bíblicos é, na verdade, a da segunda circuncisão de Moisés por sua mulher Séfora: "Séfora [...] disse: 'Tu és para mim um marido de sangue'" (Ex 4,25).

Um rito mágico, forma de morte simbólica por efusão de sangue, realizado na idade adulta para protegê-lo do demônio que o assedia, quando ele decidiu, após seu exílio, voltar ao Egito para libertar o povo hebreu do jugo do faraó.

O prepúcio tem diferentes destinos, conforme as tradições. Na Austrália, na tribo arunta do norte ele é enterrado, como num rito funerário. Os arunta do sul o oferecem ao jovem irmão do circuncidado. Os kalkodoon do norte de Queensland o amarram com um fio

77

de cabelo em torno da mãe do circuncidado para manter os demônios a distância. No Senegal, a bainha de pele é encerrada numa aba da túnica do menino, que se torna sua proteção contra os perigos, inclusive durante as guerras.

O rito de circuncisão segundo o Islã

Embora não seja exigência do Corão nem um dos cinco pilares do Islã, o rito de circuncisão está presente na tradição muçulmana. Diz a lenda que Maomé teria nascido circuncidado. Outros afirmam que ele teria sido submetido à incisão no sétimo dia[61]. O rito não tem significado religioso nem obrigação equivalentes ao *berit mitah* do judaísmo. Entre as populações pré-islâmicas, esse ritual de passagem para a adolescência e na idade de se casar é atestado em muitas regiões do Oriente Próximo, na Síria, no Egito, e também entre as tribos nômades da Península do Sinai. Trata-se mais de uma prática anterior ao Islã, que se inscreveu na tradição dos muçulmanos. A Suna (Tradição) incentiva a circuncisão para marcar o pertencimento à herança de Abraão, por referência ao texto bíblico que, em Gn 17,1-27, impõe a circuncisão dos meninos de Israel no oitavo dia depois de seu nascimento, em sinal de aliança com o Deus bíblico.

Na tradição muçulmana, a idade da circuncisão varia de acordo com as regiões: algumas semanas depois do nascimento, entre 5 e 8 anos, 9 e 10 anos, ou ainda 10 a 15 anos na região do Golfo Arábico, no Magreb, no Egito ou na África Subsaariana. Segundo a *fitra*, "natureza primordial do homem no Islã", o rito de circuncisão é associado à obrigação de raspar o púbis, ao corte das unhas, à depilação das axilas e a raspar o bigode[62].

A excisão das mulheres não é prescrita pelo Corão

É importante esclarecer que a excisão feminina não é reflexo da circuncisão bíblica. Na realidade, a diferença fundamental entre a tradição bíblica do Oriente Próximo e os costumes subsaarianos está

---

61. Sukkari, *Khitan*, p. 65-67.
62. Relatado por BOUKHARI. *Sahih*, n. 5.889. • MUSLIM. *Sahih*, n. 257.

no fato de que não existe e nunca foi mencionado o rito feminino. Não é impossível que o rito de circuncisão bíblica constitua uma tradição antiga que pretendia que o homem só se tornasse apto ao casamento depois que escorresse sangue de seu órgão genital, vindo assim compensar a ausência, nos homens, das menstruações próprias das mulheres.

A presença da excisão das mulheres na tradição árabe-muçulmana ainda é ambígua. Muito anterior ao Islã, ela foi importada pelos novos conversos da África Subsaariana, mas nunca foi objeto de prescrição corânica. Entretanto, a ambivalência dos comentários a seu respeito permite que alguns afirmem que ela seria lícita.

Segundo um hádice, Maomé teria tentado fazer com que se abrandasse essa prática assumida por conversos. Numa conversa que ele teria tido com o filho de uma mulher que realizava excisões, preocupado com que a mãe pudesse continuar sua atividade depois de se tornar muçulmana, o profeta teria aconselhado: "Corte levemente e não exagere, pois seria mais agradável para a mulher e melhor para o marido"[63].

Os partidários de uma linha patriarcal arcaica da sociedade deturpam essas palavras para concluir delas uma obrigação religiosa. O antigo mufti do Egito, Hassan El, considerava a excisão uma obrigação tradicional. Al-Sukkari lembra que a excisão das mulheres, praticada durante séculos, constitui um costume admitido pelo direito muçulmano. Gad al-Haq, grande xeique do Azhar (1982-1996), afirmava que essa operação protegia as mulheres contra as "numerosas excitações que as impeliriam ao vício e à perdição numa sociedade sem freios". Outros a consideram uma solução a ser aplicada com moderação, justa e razoável, adaptada à realidade.

No Egito, são muitos os que temem que uma nova lei volte atrás com respeito à interdição da excisão, oficialmente proscrita desde 2008, mas ainda muito difundida. É verdade que União Africana, Gâmbia, Benin, Burkina Faso e Costa do Marfim promulgaram leis

---

63. *Discussion entre Mahomet et Um Habibah, récit de l'exciseuse.* Recueil de la Sunna [Conversa entre Maomé e um Habibah. Relato da mulher que realizava excisões, coletânea da Suna].

que punem o "atentado à integridade dos órgãos genitais de uma mulher". Mas o Sudão e o Egito enfrentam a mesma constatação: embora essas mutilações sejam proibidas, 80% das sudanesas e das egípcias ainda são submetidas a elas, inclusive coptas, cristãs do Egito, que são submetidas a esse rito de "purificação" pela ablação do clitóris.

É essencial, portanto, sempre esclarecer que, ao contrário dos equívocos religiosos, o rito de excisão das mulheres, ou seja, de mutilação do clitóris, é formalmente proibido na tradição muçulmana. Uma *fatwa* da Comissão de *fatwa* egípcia de 28 de maio de 1949 lembra que o abandono da excisão feminina não constitui pecado[64]. O Corão não faz alusão, nem de perto nem de longe, à excisão das meninas e nenhuma interpretação pode justificar tal gesto. Aliás, em nenhum momento é mencionado que o Profeta Maomé tenha mandado excisar suas filhas ou suas mulheres. No entanto, a Deputada Azza al-Garf, do Partido dos Irmãos Muçulmanos, havia qualificado a excisão feminina de tradição islâmica e convocado a que fosse suspensa sua interdição em 2008. Contudo, Mohamed Sayed Tantawi, antigo xeique da Universidade do Islã sunita Al--Azhar, confirma que nada nos textos justifica a mutilação genital das mulheres. Note-se também que essa mutilação do corpo feminino, embora proibida pela Igreja Copta, continua viva em várias comunidades cristãs do Alto Egito e no chifre da África, na Eritreia e na Etiópia – e também na Nigéria.

---

64. MUHAMMAD MAKHLUF, H. Hukm al-khitan. In: *Al-Fatawa Al-Islamiyyah min dar al-ifta' al-masriyyah*. Vol. II. Cairo, 1981, p. 449.

Contraverdade n. 15

O judaísmo se transmite pela mãe

Segundo a *halakhah* (a lei rabínica), é judeu quem nasce de mãe de confissão judia ou conversa. No entanto, a matrilinearidade não resulta nem de tradições primitivas nem de prescrições bíblicas. Judá, filho do patriarca Jacó, desposou uma cananeia. O Profeta Moisés uniu-se a Séfora, uma medianita, de uma tribo árabe nômade da Península do Sinai. O Rei Davi tomou por mulher uma filisteia, depois Betsabé, uma jebuseia que vinha de uma tribo que se movia entre Judá, Benjamin e Jerusalém. O filho deles, Salomão, construtor do Templo de Jerusalém, deixará o trono para seu herdeiro Roboão, produto de seu casamento com Naama, da tribo aramaica de Amon, que comerciava nas proximidades do Mar Morto. Salomão também teve um filho da rainha de Sabá, Menelik, que se supõe ser o ancestral dos Beta Israel, falashas ou judeus etíopes. A tradição matrilinear do judaísmo é decerto uma inovação jurídica do século II inspirada da lei romana, e não na Torá.

Segundo o direito romano, o *status* do filho segue a condição do pai. Mas a lei romana define que, sem casamento legal, o *justum matrimonium*, o filho assume o *status* da mãe. O filho nascido da união entre uma cidadã romana e um escravo será reconhecido, portanto, cidadão romano, ao passo que aquele nascido de pai cidadão romano e escrava manterá o *status* de escravo de sua genitora. Entretanto, a fim de evitar a multiplicação de filhos declarados cidadãos romanos, por serem nascidos de uma cidadã romana e de um pai escravo, o Imperador Cláudio decretará a *lex minica*, estipulando que a identidade de uma criança se conformará à do genitor de mais baixa condição. No caso de união entre uma cidadã romana e um estrangeiro, o filho nasceria então estrangeiro.

É só a partir do século II d.C. que a regra matrilinear se aplica ao judaísmo: o filho de mãe judia e pai não judeu é judeu, ao passo que o filho de mãe não judia e pai judeu não o é. A partir de então, o filho de mãe judia e pai não judeu já não é considerado *mamzer* – anteriormente proibido de se casar com israelita –, mas judeu legítimo.

Hoje, o movimento judeu reformado reconhece como judeu um filho de mãe não judia e pai judeu. Na verdade, as correntes ortodoxas se opõem a essa volta à linha patrilinear e mais ainda a uma linha mista. Entretanto, as indicações da *halakhah* sem dúvida são mais influenciadas pela lei romana antiga do que por princípios religiosos. O judaísmo não é uma etnia que se transmite biologicamente, mas uma religião que se difunde por adesão, como o catolicismo, o protestantismo ou o Islã.

Contraverdade n. 16

O consumo de carne de porco é proibido por razões de higiene

Um equívoco persistente afirma que o judaísmo e o Islã proíbem o consumo de carne de porco a fim de evitar epidemias que se transmitiriam com muita facilidade ao ser humano. Portadores de parasitas, o porco, o porco selvagem ou ainda o javali, portanto, teriam sido banidos das cozinhas judias e muçulmanas por razões de saúde. Essas teorias higienistas populares, mas falsas, ignoram a boa saúde dos gauleses, reputados por seus presuntos e seus salames, e também dos mesopotâmios, dos gregos e dos romanos, que se sustentavam sem hesitar de embutidos de porco (tal como relata Macróbio, autor latino do século V), de vulvas de porcas estéreis (a se acreditar em Petrônio em seu *Satiricon*), de leitões à jardineira (segundo as receitas de Apício, famoso cozinheiro do tempo de Tibério), de glândulas de javali (segundo o poeta latino Marcial) ou ainda de javalis recheados de linguiças e chouriços, servidos pelo personagem fictício de *Satiricon*, o alforriado novo-rico Trimalcião, em banquetes memoráveis!

De fato, o Novo Testamento várias vezes dá a entender que o porco se alimenta de imundícies, e a maioria dos exegetas, entre os quais Maimônides, já no século XII, conclui que o animal é inconsumível em razão de sua impureza, principalmente porque ele se espoja na lama e ingurgita lixo, inclusive seus próprios excrementos e, às vezes, seus filhotes recém-nascidos.

Na realidade, essa injunção provém ao mesmo tempo de tabus ancestrais, de relatos mitológicos e de interditos bíblicos com respeito ao consumo de sangue. O tabu que proscreve a ingestão de um animal carrega dois significados contraditórios, o de que ele é puro demais para ser tocado e impuro demais para ser ingerido.

No Egito faraônico, o porco reservado ao culto de Osíris é sacrificado e consumido no dia de lua cheia. Depois, atribuído ao deus Seth, o porco preto será representado devorando a lua. O culto de Nut, deusa do Céu, condenará o consumo de porco. A deusa, frequentemente representada como uma porca branca, à noite devora seus filhos (as estrelas), depois os traz de volta à vida ao amanhecer.

O porco selvagem ou o javali são também, então, portadores de uma promessa de renascimento, tal como na mitologia greco-romana Adônis, amante de Afrodite, é morto pelo deus Ares (Marte), louco de ciúme, que toma a aparência de um javali, mas voltará à vida sob a forma de uma anêmona ou de uma rosa, personificando assim o ciclo das estações. A deusa Perséfone, esposa de Hades, é acompanhada no mundo subterrâneo, durante seis meses do ano, por porcos selvagens cujas presas em forma de lua crescente anunciam seu renascimento na primavera, até as sementes seguintes.

As leis alimentares do judaísmo suscitavam já no Império Romano críticas acerbas e zombarias, expressando um antissemitismo nascente. O gramático Érotien vê na interdição de consumir carne de porco as consequências de uma "doença sagrada". Calígula graceja, perguntando à delegação judia conduzida por Fílon de Alexandria: "Mas por que vos abstendes de comer carne de porco?" (FÍLON. *Legatio ad Caium*, 361).

Petrônio conclui precipitadamente que, se os judeus se abstêm de incluir esse animal em sua dieta alimentar, é porque o cultuam (fragmento 37). Plutarco pergunta se eles se recusam a ingeri-lo por respeito ou por repulsa (*Quaestiones conviviales,* IV, 4,4-6), ao passo que Juvenal zomba de sua clemência por aqueles porcos que "deixam morrer de velhice" em vez de com eles alimentar seus filhos (*Sátiras*, VI, 160).

A palavra *cachrut* designa o conjunto das leis que regem a alimentação de um judeu praticante. Não se trata apenas da qualificação das espécies autorizadas, mas também da maneira pela qual um animal deve ser alimentado, abatido, inspecionado e cozido para ser considerado consumível segundo as regras divinas. Longe de ser um sacrifício à divindade, o abate ritual no judaísmo revela-se um processo de preparação a ser respeitado, com base em prescrições divinas. Deve ser feito, portanto, sob o controle de um *chohet* ("sacrificador"), o único a poder garantir que o animal, não doente, foi inteiramente esvaziado de sangue, que suas porções proibidas (as entranhas, músculos do quadril, o nervo ciático, alguns grandes vasos sanguíneos, algumas partes gordurosas) foram retiradas, e depois que a carne, passada uma primeira vez pela água corrente, foi bem salgada e novamente lavada repetidamente.

As regras da *cashrout* não aparecem no Pentateuco (os cinco livros atribuídos a Moisés, ou Torá). Embora o Deus bíblico tenha anunciado a Noé, no fim do dilúvio, que "tudo que vive e se move [...] servirá de alimento" (Gn 9,3), o terceiro livro (Lv 11) e o quinto (Dt 14) separam os animais puros (*tahor*), próprios para consumo, dos que são impróprios (impuros, ou *tamé*), cuja lista interminável – incluindo especialmente os peixes sem escamas ou nadadeiras, os crustáceos, as aves de rapina, a cegonha, o cisne, o porco, o camelo, a lebre e alguns répteis –, ilógica, às vezes inexata, continua sendo um enigma.

A primeira lei sobre a alimentação prescrita proíbe consumir sangue, por conseguinte comer um animal considerado vivo enquanto houver uma gota de sangue correndo em seu corpo (Gn 9,4). Pois, se o sangue é a alma da carne, a vida da carne está no sangue (Lv 17,11). "Não comereis sangue algum, nem de ave, nem de animal, em nenhuma de vossas moradias. Aquele que comer qualquer espécie de sangue será eliminado do povo" (Lv 7,26).

A sétima lei de Noé proíbe "comer a carne arrancada de um animal vivo". A proibição central continua sendo a de comer um animal vivo (que, portanto, ainda contém sangue) e, por extensão, ingerir carne de animais carnívoros ou que se alimentam de carniça, que se alimentam de animais não esvaziados de sangue (Talmud da Babilônia, Sanhedrin 56 a).

Essa proibição bíblica de sangue é retomada no Corão: "Eis o que vos é proibido: animal morto, sangue, carne de porco, o que foi imolado para um outro deus" (surata 5,3).

Portanto, só alguns animais herbívoros são consumíveis (boi, vitela, carneiro, cabra...). "O porco, pois, embora tenha o casco partido e fendido em duas unhas, não rumina, será impuro para vós", avisa o Lv 11,7. O porco, omnívoro, pode se alimentar de carne que não foi esvaziada de sangue. É a ambiguidade do animal que é condenada.

A proibição de comer porco é, portanto, determinada tanto no judaísmo como no Islã, porque pode subsistir uma dúvida quanto a seu modo de alimentação. O cão, cujo aspecto carnívoro é manifesto, não é mencionado, mas seu consumo é tão proibido quanto o do porco.

Contraverdade n. 17

Todos os israelenses são judeus

O termo *judeu*, em hebraico *yehudi*, em grego *ioudaios*, designava outrora os habitantes da Judeia e não uma religião ou uma etnia. Hoje, se a palavra qualifica mais o pertencimento à cultura religiosa do judaísmo do que a um território, a população de Israel é diversa. O equívoco pretendia levar a crer que se trata de uma teocracia, como o Vaticano ou o Irã. Mas não é o caso. Lá as leis da democracia são superiores às leis religiosas, e a cidadania é aberta para as pessoas de origens e de cultos diferentes.

Assim, a sociedade israelense não é reservada às pessoas de confissão judaica. O Estado, segundo os fundadores do sionismo, deve ser essencialmente laico. O Talmud define, por sua vez, que a moral precede a Torá, ou seja, que o humanismo prevalece sobre a lei religiosa, e não o contrário.

"O Estado assegura uma completa igualdade social e política a todos os seus cidadãos, sem distinção de religião, de consciência, de educação e de cultura, e assegura a proteção dos Lugares santos de todas as religiões", proclama a Declaração de Independência do Estado de Israel em 1948. Portanto, não há religião de Estado e a liberdade de culto é garantida a toda a população. Cada comunidade é livre para seguir seu próprio ritual e construir seus lugares de culto segundo suas tradições arquiteturais. Cada um pode adotar seu próprio calendário de festas e, seja qual for sua confissão, observar o dia de descanso semanal próprio de sua tradição. Cada comunidade pode gerir seus conflitos familiares, casamentos, divórcios, guarda dos filhos, pensões alimentícias através de seus próprios tribunais religiosos, reconhecidos pela lei do Estado.

As divisões no interior da sociedade israelense exprimem-se principalmente entre as tendências do judaísmo. Segundo um estudo do Pew Research Center, os judeus laicos estariam mais à vontade com a ideia de que seu(sua) filho(a) desposasse um(a) cristão(ã) do que com a perspectiva de sua união com um(a) judeu(ia) ortodoxo(a). Os *haredim* (judeus ortodoxos ou "tementes a Deus") representam 8% da população israelense; os *dati* (religiosos), 10%; os *massorti* (tradicionalistas), 23%, e os *hiloni* (secularizados), 40%, que contam 20% de ateus. No entanto, para a maioria deles, em caso de conflito entre a lei judaica e a democracia, esta última deve ter prioridade.

Segundo esse mesmo órgão, a proporção de israelenses não judeus é crescente[65]. Os árabes israelenses constituem aproximadamente 20% da população, 14% dos israelenses são de confissão muçulmana e o árabe é, com o hebraico, uma das duas línguas oficiais do Estado que podem ser utilizadas no Parlamento, nos tribunais e nos documentos oficiais. Representados por 13 parlamentares de 130 no Knesset, os 58% de israelenses muçulmanos são favoráveis à xaria como lei para os muçulmanos em Israel. Cerca de 55% dos cristãos, que constituem 2% da população (dos quais 78,9% de árabes), são favoráveis a que a Bíblia sirva de lei para os cristãos. Os drusos, que representam 2% da população de Israel, provêm de um cisma religioso do Islã xiita ismaelita.

Israel é um Estado judeu no sentido de sua identidade particular – determinada pela resolução da ONU de 29 de novembro de 1947 sobre a divisão da Palestina em um Estado judeu e um Estado árabe – e não no de um Estado submetido à *halakhah* (conjunto das prescrições da lei judia). Ele não é, portanto, uma teocracia à imagem da Arábia Saudita, mas um Estado laico. Observe-se, aliás, que os movimentos ultraortodoxos muito influentes do judaísmo, os *haredim*, não são sionistas e, em sua maioria, não reconhecem a existência do Estado de Israel. Considerando que o renascimento do reino de Davi só poderia ocorrer depois do retorno à terra do Messias, ou seja, no fim dos tempos, a comunidade ultraortodoxa judia Neturei Karta exige o desmantelamento do Estado de Israel.

---

65. PEW RESEARCH CENTER. *Israel's Diverse Religious Landscape* [Panorama da diversidade religiosa de Israel], 2016.

Contraverdade n. 18

O Monte do Templo não pertence
ao patrimônio do judaísmo

Pela primeira vez, e certamente não pela última, uma contraverdade foi legitimada pela votação de uma organização cultural internacional. Em sua resolução de 16 de abril de 2016 e em sua declaração de 7 de julho de 2017, a Organização das Nações Unidas para a Educação e a Cultura (Unesco) ignorou de fato o vínculo histórico e teológico que existe entre o judaísmo e o Monte do Templo em Jerusalém, o Muro das Lamentações e a herança cultural representada pelo túmulo dos patriarcas em Hebron.

A Unesco reconheceu a Esplanada das Mesquitas, ou Monte do Templo para o judaísmo, como lugar santo só para os muçulmanos. Esse espaço, terceiro lugar santo do Islã, que abriga a Mesquita Al-Aqsa e a Cúpula do Rochedo, domina, contudo, o Muro das Lamentações, vestígio do Templo de Jerusalém destruído em 70 pelas legiões de Tito. A própria existência de um templo no Monte do Templo poderia ser questionada por essa votação, ao passo que o Muro das Lamentações foi rebatizado de Al-Buraq Plaza, por referência ao lugar sagrado de onde, segundo o Corão, Buraq, legendário cavalo alado de Maomé, levantou voo para os céus.

O túmulo dos patriarcas e o mausoléu de Raquel parecem também excluídos do patrimônio do judaísmo e do cristianismo, apresentados como lugares santos exclusivamente muçulmanos. Segundo a tradição, porém sem certeza, o "túmulo dos patriarcas", em Hebron, abrigaria os corpos de Abraão e de Sara, de Isaac e de

Rebeca, e de Jacó e de Lea. Esse segundo lugar santo do judaísmo depois do Monte do Templo representa, para o Islã, o *Al-Haram al-Ibrahimi*, ou Santuário de Abraão. O túmulo de Raquel, situado na entrada norte de Belém, supostamente abriga o corpo da esposa de Jacó e mãe de José e de Benjamim. Considerado o terceiro lugar santo do judaísmo, ele também é venerado há séculos pelos cristãos e pelos muçulmanos.

No entanto, apesar do contexto político complexo da região, o patrimônio religioso que se encontra nela deve ser preservado dos acasos políticos. Cada uma das comunidades, judaica, cristã e muçulmana, tem direito ao reconhecimento de sua história particular e de seu apego a locais partilhados. Negar ou ocultar tradições indissociáveis é atentar contra a integridade desses lugares e contra toda esperança local de paz.

As escolhas da Unesco sobre esses temas não contribuem para a pacificação; ao contrário, alimentam a concorrência espiritual – escolha irresponsável que, em vez de construir pontes, ergue muros de incompreensão. Não pode haver justiça sem reconhecimento mútuo e, finalmente, não há paz possível sem que os laços culturais, pressionados por séculos de incerteza, voltem a se tecer. Aliás, Irina Bokova, diretora-geral da Unesco, lembrou, por ocasião de um discurso no Parlamento europeu, as ligações históricas e bíblicas do judaísmo com o Monte do Templo e o Muro das Lamentações, marcando assim sua discordância com respeito à votação de 2016: "A proteção da herança de Jerusalém faz parte de uma visão mais ampla pela paz e da luta contra todas as formas de negação da história judaica [...] e do antissemitismo".

Poderíamos ter escolhido provar a anterioridade histórica de uns sobre os outros, uma realidade incontestável que teria sido mais fácil de demonstrar do que a existência de um milagre, mas resolvemos renunciar a isso. Pois, embora em 2017-2018 o calendário hebraico se situe no ano 5778, embora o nome de Jerusalém não seja citado no Corão e o Profeta Maomé, depois de orar 17 ou 18 anos em sua direção, tenha exortado seus discípulos já em fevereiro de 624 a voltar-se para Meca, a fé islâmica provém dos textos da Torá. Adão,

Noé, Abraão ou Moisés são seus pilares. Depois vêm Jesus, enviado de Deus, e sua mãe Maria, à qual são dedicados os 98 versículos da surata 19 do Corão, "Maria". Todos mensageiros para uma só mensagem. Não há lugar para as acusações de falsificação da palavra divina. Pois, embora o Santo Sepulcro do cristianismo se encontre nas proximidades do Santo dos Santos – o lugar mais sagrado do mundo judaico, em que outrora, de acordo com os textos bíblicos, foi depositada a Arca da Aliança e onde flutua a *Ruah,* o Espírito Divino, sopro ardente da vida –, foi do Monte do Templo que Maomé teria prosseguido sua viagem noturna de Jerusalém para o céu.

As religiões são emoções. *A Ilíada* e *A Odisseia*, o Pentateuco, os evangelhos, o Corão – emoções universais cuja soberania espiritual nenhuma organização pode alterar, nem mesmo por meio de votação.

Não reagir a essa votação de falsificação da história abre portas para leis de "reescrita da história", como é o caso na Polônia. O Senado polonês de fato avalizou, em 1º de fevereiro de 2018, um dispositivo legislativo destinado a impedir que a Polônia fosse associada a "crimes nazistas, crimes de guerra ou outros crimes contra a paz e a humanidade" cometidos no território nacional em que foram instalados, durante a Segunda Guerra Mundial, seis campos de extermínio: Chelmno, Belzec, Sobibor, Treblinka, Majdanek e Auschwitz-Birkenau.

Essa minimização do papel desempenhado no genocídio judeu por colaboradores poloneses dos nazistas entrava o prosseguimento de pesquisas históricas sobre o tema, uma primeira etapa rumo à própria negação do Holocausto. Na verdade, o Estado não participou oficialmente do projeto nazista de extermínio dos judeus, mas muitos poloneses contribuíram para a "solução final" através dos *pogroms* e da denúncia dos judeus poloneses. Três milhões de judeus foram, de fato, assassinados na Polônia, ou seja, 60% das vítimas do Holocausto.

Evocar a corresponsabilidade de uma parte da sociedade polonesa no Holocausto poderá doravante custar 3 anos de prisão. Com a liberdade de expressão amordaçada, a Polônia será impossibilitada de realizar o trabalho memorial indispensável para vencer seus antigos demônios, entre os quais especialmente um antissemitismo profundamente ancorado há séculos nessa sociedade católica.

O Cardeal August Hlond, primado da Polônia, já denunciava, numa carta pastoral de 29 de abril de 1936, o caráter satânico dos judeus: "É verdade que os judeus cometem fraudes, praticam a usura e o tráfico de brancas". Depois o prelado concluía com uma terrível estigmatização: "Um problema judeu existe, e existirá enquanto os judeus permanecerem judeus".

Logo depois da guerra, os *pogroms* prosseguirão na Polônia. Em 4 de julho de 1946, em Kielce, uma multidão de 5 mil pessoas mata por linchamento 46 judeus. Três dias depois, 6 judeus são assassinados num trem, e 14 padecerão o mesmo destino num trem entre Katowice e Wroclaw. Entre 1944 e 1947, 2 mil judeus, salvos da guerra, são assassinados.

Hoje, com apenas 10 mil judeus para 38 milhões de habitantes, a Polônia continua agitada pelo recrudescimento do antissemitismo. Um conselheiro do presidente polonês declarou, de fato, que o Estado de Israel tentava "ter o monopólio do Holocausto" e tinha "um sentimento de vergonha diante da passividade dos judeus durante o Holocausto"[66]. Dos estudantes poloneses, 75% estimam que seu país "ajudou demais os judeus durante o Holocausto"; 40% "não querem saber de vizinho judeu"; e 46% acham que "os judeus são responsáveis pela crucifixão de Jesus"[67]. Continua muito arraigada na Polônia a ideia de um Estado inteiramente católico e, sobretudo, "judenfrei" (livre de judeus).

---

66. Declaração de Andrzej Zybertowicz no *Polska-Times Newspaper*, 09/02/2018. • *AP News*. Polish adviser says Israel wants monopoly on the Holocaust [Conselheiro polonês diz que Israel quer o monopólio sobre o Holocausto], 10/02/2018.

67. *Europe-Israël News*. Pesquisa realizada pela comunidade judaica da Polônia, 2013.

Contraverdade n. 19

Os judeus têm dinheiro

O antissemitismo é sempre de mau gosto, mas na Polônia, terra letífera do judaísmo, ele ressurge onde não se espera. Na fronteira da inconsciência, o antissemitismo polonês toma hoje a forma de um amuleto que representa um personagem judeu. Barba densa, cachos e nariz adunco, eterno quipá e olhar fugidio, ele segura entre dois dedos uma moeda. No cruzamento desses estereótipos com uma superstição medieval, esse amuleto associa os judeus ao enriquecimento. Pendurado na porta de casa, o "judeu da moeda" age como um talismã para manter afastada a pobreza e "ficar rico".

O estereótipo que associa os judeus ao dinheiro tem origem, segundo alguns, numa Idade Média cristã ainda traumatizada pela suposta traição do Apóstolo Judas que entregou Jesus aos romanos em troca de 30 denários. Uma pequena fortuna, para a época, suficiente para considerar todos os judeus descendentes de Judas, responsáveis por seu pecado original, pela mesma razão por que todas as mulheres descendentes de Eva devem perpetuamente carregar o luto por terem introduzido a morte no mundo e, assim, "causado a perdição do gênero humano"[68].

É no contexto das cruzadas que o destino judeu toma direções contraditórias, oscilando entre perseguições e transformações sociais. Profanações de hóstias, assassinatos rituais, envenenamentos de poços, as propagandas antijudaicas são veiculadas por eclesiásti-

---

68. TERTULIANO. *Ignominiam dico primi delicti et inuidiam perditionishumanae.* Cult. 1, 1, 1.

cos preocupados com a atração que o judaísmo ainda exerce sobre a população cristã. A fim de criar uma distinção física entre judeus e cristãos, o Concílio de Latrão de 1215 inspira-se no costume muçulmano e impõe aos judeus o uso de sinais distintivos: rodela amarela a ser costurada no casaco e instalada na entrada de suas lojas, chapéu pontudo amarelo e vermelho e outras medidas humilhantes.

Uma separação quando, ao mesmo tempo, os judeus são os principais mercadores que comerciam com o Oriente. Uma concorrência que os mercadores italianos combaterão obtendo vantagens fiscais e proteção por parte de suas cidades. Os judeus serão proibidos de ter acesso aos barcos que rumam para leste. Desfavorecidos, eles não têm acesso a todos os ofícios. Não são autorizados a ter campos de cultivo ou vinhas. Ao morrerem, seus bens não podem ser transmitidos para seus descendentes, mas devem voltar ao "verdadeiro proprietário", o senhor ou o rei. Proibidos de exercer as funções civis ou trabalhos manuais, agrícolas ou artesanais, os judeus são obrigados a se concentrar no comércio e no empréstimo de dinheiro a juros, atividade proibida aos cristãos desde Santo Agostinho. Os romanos do século I já tinham confiado a recepção dos impostos a judeus, como o Apóstolo Mateus.

A partir do século XV, os papas concedem aos judeus autorizações – pagas – para praticar a usura. De fato, o dinheiro torna-se a única fonte de sobrevivência possível para uma comunidade judia: escapar a perseguições, a acusações obscuras de assassinato ritual ou a uma expulsão (acompanhada por confisco de bens) só é possível sob a condição de poder remunerar as autoridades eclesiásticas e senhoriais.

Cada comunidade, portanto, só podia sobreviver desde que um usurário prosperasse e viesse em seu socorro nos períodos de perseguição. O que não acontecia em todas as comunidades. Além disso, a parte dos "banqueiros" judeus no comércio do dinheiro não ia além de 10% do mercado, dominado especialmente pelos lombardos. Só a atividade de empréstimo a juros não podia enriquecer os judeus, uma vez que eles não tinham o direito de investir

94

seus ganhos na compra de bens dos quais, afinal, nunca seriam plenamente proprietários.

Evidentemente, nem todos os judeus comerciavam com dinheiro. A maioria tinha *status* próximo ao de escravo, alguns se lançavam no comércio de roupas, tecidos e artigos de segunda mão, outros no comércio de antiguidades. Outros ainda, mais raros, dirigiam-se para a medicina ou para o setor gráfico. Entretanto, o arquétipo do judeu usurário acompanhado pelo de descendente de Judas contribuiu intensamente para descrever os judeus ávidos de dinheiro tal como seriam ávidos de sangue.

Muitos crimes antissemitas ainda hoje são cometidos com o objetivo de pilhar as riquezas escondidas de vítimas judias.

Em 2006, em Paris, os "bárbaros" que sequestraram e depois assassinaram Ilan Halimi exigiam um resgate de 450 mil euros, convencidos de que, por ser judia, sua família era rica. Eles são "cheios da grana", explicava o chefe da gangue. Em 2014, em Créteil, um casal, visado em razão de sua religião, é agredido em sua casa por três encapuzados. "Os judeus têm dinheiro, essa gente não põe dinheiro em banco", eles declararam, vasculhando o apartamento, sem sucesso. Em 2015, no Blanc-Mesnil, uma família judia foi agredida em sua casa por três indivíduos que vão importuná-los para fazê-los confessar onde está escondido seu dinheiro: "Vocês são judeus, vocês têm dinheiro, viemos à sua casa porque vocês têm dinheiro", eles clamam.

Uma pesquisa de 2014 da Fondation pour l'innovation politique [Fundação para a inovação política] revela que 25% dos franceses acham que os judeus "têm poder demais no setor da economia e das finanças". Uma sondagem do Ipsos, de 2015-2016, indica que 56% acham que os judeus são "mais ricos do que a média dos franceses"[69].

Entretanto, e é evidente, a pobreza existe tanto entre os judeus como nos outros segmentos da sociedade. Uma pesquisa sobre a

---

69. Marc Knobel, diretor dos estudos no Crif. Sondagem Ipsos, 2015-2016.

pobreza na comunidade judaica em Nova York mostra que, lá, um judeu em cada cinco vive abaixo[70] do limiar de pobreza.

Não, os judeus não são ricos como Creso! São tão pobres ou tão ricos quanto cristãos e muçulmanos, embora ainda haja quem acha que os hebreus, guiados por Moisés, pilharam tesouros do Egito por ocasião do êxodo...!

---

70. ANDREAS, S. *Jews got money* [Judeus têm dinheiro]. Documentário produzido por Anna Heim.

EQUÍVOCOS SOBRE O CRISTIANISMO

Contraverdade n. 20
Jesus não existiu

A guerra dos equívocos sobre a inexistência de um personagem chamado Jesus, que teria sido crucificado em Jerusalém por ordem de Pôncio Pilatos sob o reinado do Imperador Tibério, eclode entre o final do século XVIII e meados do século XIX. O questionamento da existência histórica de Cristo através das teorias "mitistas" afirma que Ele seria uma figura conceitual, um arquétipo em torno do qual se teria cristalizado um pensamento que estruturou a vida espiritual. Uma contraverdade que caminha até os debates contemporâneos sobre a historicidade de Jesus de Nazaré. A partir de então, segundo o que dizem, Ele teria sido inventado pelos edificadores do cristianismo. Para alguns, Ele é pura lenda; para outros, uma construção a partir do destino de vários atores do judaísmo do século I, entre os quais Judas o Galileu, fundador de um movimento apocalíptico, inspirador dos sicários (nacionalistas zelotes), que encabeçou uma revolta contra Roma por volta dos anos 6 ou 7 tendo por mensagem: "O único mestre é Deus".

Crer ou não crer. Esta é a questão. Blaise Pascal apostara na crença contra o ateísmo[71]. "Deus é ou não é", ele pensava, sublinhando que não há nada a perder e tudo a ganhar em reconhecer sua existência. Uma incitação a fazer uma escolha que poderíamos racionalizar lembrando que o Deus bíblico é um deus da ausência. "Deus está onde ele não está", alegaríamos invertendo as próprias

---

71. Cf. PASCAL, B. *Pensées* (1670). Gallimard, 2004. [Ed. bras.: *Pensamentos.* São Paulo: WMF Martins Fontes, 2005.]

afirmações do filósofo. Um deus ausente, por certo, mas um deus que também estaria por toda parte. Portanto, é sobre o personagem de Jesus Cristo que se desenha a linha que separa apostadores de incrédulos. Os primeiros parecem jogar para não perder, ao passo que os segundos, que não querem crer para perder, exigem provas. Sem certidão de nascimento, sem túmulo e sem testemunho direto por parte de Maria ou de José, o equívoco da existência histórica de Jesus confronta, então, o de sua inexistência.

De um lado, alguns historiadores afirmam que, dado o número de escritos que lhe foram dedicados já nos primeiros séculos, é indiscutível que Jesus viveu. Entretanto, nenhum desses textos é contemporâneo dele. O Evangelho Segundo Marcos, supostamente o mais antigo, só teria circulado em Roma a partir do ano 80, ou seja, cerca de 50 anos depois dos fatos que ele relata. O mais tardio, o Evangelho Segundo João, teria sido estabelecido em sua forma atual entre 90 e 120, ou seja, um século após o ministério de Cristo. O documento mais próximo do tempo da crucifixão de Jesus seria uma das cartas de Paulo, a Primeira Epístola aos Tessalonicenses, que se presume ter sido redigida por volta de 50. Os evangelistas aos quais teriam sido atribuídas essas relações jamais teriam podido, portanto, encontrar Jesus, assim como Dion Crisóstomo (40-115), Tácito (55-118), Juvenal (60-140), Suetônio (69-125), Eusébio de Cesareia (263-339), sem esquecer o autor da narrativa compilada no século VI do Tratado Sanhedrin, de conotação legendária, que menciona no Talmud da Babilônia (43a) a condenação à morte do apóstata *Yeshu ha-Notsri* "Jesus Nazareno" por ter praticado feitiçaria e enganado o povo de Israel.

Contemporâneo de Flávio Josefo, o escritor latino Plínio o Jovem (61-113), governador da Bitínia (ao noroeste da atual Turquia), fornece uma prova indireta da existência de Jesus contando, numa carta dirigida ao Imperador Trajano, o fervor daqueles cristãos que "cantavam um hino a Cristo como a um deus"[72]. No entanto, Cristo, transcrição do grego *Christos*, é uma tradução do termo hebraico *masiah* que significa "aquele que recebeu a unção divina". A unção

---

72. *Lettres et panégyrique de Trajan* [Cartas e panegírico de Trajano], X, 96, p. 5-7.

do Senhor, identificado com o Messias, faz referência àquele que salvará o povo de Israel dos escravizadores e restabelecerá seu reino para sempre.

No século II, o filósofo Celso contribui para demonstrar a existência histórica de Jesus através de sua oposição ao cristianismo: "Tomais por Deus um personagem que terminou com uma morte miserável uma vida infame", ele escreve em seu *Discurso verdadeiro*. Obra hoje incontrável, só atestada por ter sido refutada por Orígenes, no século III, em seu polêmico tratado *Contra Celso*.

Não esqueçamos que, no turbilhão das perseguições romanas que acarretarão a revolta dos judeus em 66 e a destruição do Templo de Jerusalém em 70, o destino de um rabino que durante apenas 2 anos guiou um punhado de discípulos por um minúsculo território entre a Galileia e a Judeia poderia ter passado despercebido e *a fortiori* no outro extremo do Império Romano. Os escritos concernentes ao Nazareno só podiam ser redigidos uma vez que seu destino fosse conhecido pela população, portanto tardiamente. Observemos também que, mesmo havendo uma profusão de textos que mencionam o cristianismo, nenhum autor romano ou judeu nega a existência de Jesus de Nazaré.

O *Testimonium Flavianum*

Nesse domínio incerto em que se tecem realidades e crenças, um único texto de essência histórica e sem complacência religiosa descreve a existência real de Jesus. O *Testimonium Flavianum* encontrado nas *Antiguidades judaicas*[73] – obra do historiador judeu Flávio Josefo publicada em Roma em 94 – relata o destino de um sábio chamado Jesus, que "fazia prodígios". Muitos judeus teriam se tornado seus discípulos. Qualificado de "christos", Jesus foi condenado por Pôncio Pilatos. "Os que o tinham amado antes não cessaram. Ainda agora, os cristãos, assim chamados por causa dele, não desapareceram."

---

73. *Antiquités judaïques* [Antiguidades judaicas], livro XVIII, p. 63-64.

Alguns, conclui o texto, consideravam Jesus como o Messias anunciado pelos profetas. Esse texto teria sido retomado por Suetônio[74] no século II e citado pela primeira vez por Eusébio de Cesareia[75], no século IV.

Atingindo as profundezas da alma cristã, o *Testimonium Flavianum* é objeto de controvérsias apaixonadas e de querelas teológicas e científicas quanto à sua autenticidade. De fato, há várias versões da obra, em línguas diversas, inclusive uma variante em eslavo eclesiático surpreendentemente introduzida numa outra obra de Flávio Josefo, *A guerra dos judeus,* publicada em 79. Interpolações que alimentam o equívoco de uma manipulação cristã destinada a reforçar a fé dos fiéis. A questão que se coloca é, de fato, a de se o historiador, cujo nome original é Joseph ben Mathias, um judeu da casta dos saduceus – isto é, do clero do Templo de Jerusalém, educado na tradição hebraica – poderia ter escrito esse texto. Entretanto, embora nascido 3 ou 4 anos após a crucifixão de Jesus, Flávio Josefo, estabelecido em Roma depois da queda do Templo em 70, não podia ignorar, em 94, a existência de um movimento judeu que reconhecia Jesus como o Messias.

Provas indiretas de peso: Tiago o Justo e João Batista

Se a existência histórica de Jesus é confirmada de modo geral por algumas linhas das *Antiguidades judaicas*[76], Tiago o Justo, que desenvolveu a primeira comunidade cristã em Jerusalém, é qualificado de "irmão de Jesus" por Flávio Josefo e de "Irmão do Senhor" (Gl 1,19) por São Paulo. Essa formulação designa indiferentemente um irmão, um meio-irmão, um sobrinho ou um primo, mas tende a mostrar uma proximidade familiar de Tiago com Jesus, e, portanto, da historicidade deste último. Sem dúvida é o texto indiscutível de Flávio Josefo, contando o destino de Yohanan, filho de Zacarias e de Isabel, primo de

---

74. Nascido em Roma por volta de 69, falecido por volta de 125, Suetônio tem uma obra considerável de caráter enciclopédico: *Vidas dos doze Césares,* de cerca de 122.

75. *História eclesiástica* e *Demonstração evangélica.*

76. *Antiquités judaïques* [Antiguidades judaicas], livro XX, p. 197-203.

Jesus e futuro João Batista, que traz a prova indireta mais efetiva da existência histórica de Jesus de Nazaré.

No livro XVIII de suas *Antiguidades judaicas*, o historiador conta que "um homem de bem chamado Yohanan (João) incitava os judeus a praticarem a virtude, a serem justos uns com os outros e piedosos com Deus". Pregando no deserto, Yohanan utilizava um rito de imersão nas águas do Jordão "para purificar o corpo, depois que se tivesse previamente purificado a alma pela justiça". Herodes Antipas, temendo sua influência sobre a população, "decidiu apoderar-se dele antes que se produzisse algum problema, e aprisionou-o na Fortaleza de Maqueronte, nas margens ocidentais do Mar Morto, onde ele foi decapitado"[77]. Situando João Batista num tempo histórico e divulgando o nome de Salomé, citada nos evangelhos como "filha de Herodíades", Flávio Josefo, involuntariamente, cria as condições da historicidade de Jesus de Nazaré. Considerado no cristianismo como o último profeta do Antigo Testamento e precursor de Jesus, João Batista, que o batizou, marca assim a entrada de Jesus na vida pública e o início de seu ministério. Depois da execução deste último, supõe-se que os discípulos de João Batista tenham acompanhado Jesus.

Assim, a existência dos cristãos é a melhor prova da historicidade de Jesus. Para parafrasear Galileu, que a respeito da Terra dizia "e, no entanto, ela se move", poderíamos concluir com "e, no entanto, Ele existiu". O nome de Jesus, *Yeshua* ou *Yehoshoua* em hebraico ("Deus salva"), *Iesous* em grego, de fato é difundido no mundo judeu do século I. Aparece trinta vezes no Antigo Testamento, referindo-se a quatro personagens distintos, do êxodo do Egito à deportação para a Babilônia, e uma centena de vezes referindo-se a Josué, sucessor de Moisés à frente dos hebreus. Jesus, filho de José, é constatado em 71 túmulos na região de Jerusalém, entre eles a célebre sepultura encontrada em Talpiot, que também abriga a ossada de uma certa Maria.

---

77. Ibid., p. 116-119.

Contraverdade n. 21

Jesus não morreu na cruz

Infamante, a crucifixão é, no século I, o suplício mais difundido através do Império Romano. Reservada aos criminosos comuns e aos escravos, os cidadãos romanos, como São Paulo, escapam dela em troca da decapitação. Humilhante, a agonia do supliciado na *cruz simplex* pode durar vários dias. Os pulsos pregados no *patibulum*, os pés guindados ao *sedile*, depois de ser submetido à flagelação que o enfraquece, as tíbias quebradas por clemência, o condenado sucumbe por asfixia. O corpo sem vida é então abandonado na cruz, à mercê dos abutres e outros necrófagos. Jesus, portanto, não teria padecido o suplício integralmente. Suas tíbias não foram fraturadas. Ele morre de asfixia depois de nove horas de sofrimento. O golpe de lança de um legionário que perfurou seu flanco não tinha por objetivo acelerar seu fim, mas verificar se Ele ainda estava vivo.

O culto de um *hominem noxium et crucem*, "um criminoso e sua cruz", atrai as zombarias de Roma. Colocar um homem crucificado no segundo lugar atrás de um Deus eterno atiça o desprezo pelos cristãos. A Igreja primitiva não escolhe a cruz como símbolo de seu culto, dando preferência ao peixe, à arca de Noé ou à âncora. O sinal da cruz esboçado com gesto discreto sobre o peito aparece no século IV, associado mais ao dogma da Trindade, estabelecido em 325 no Concílio de Niceia, do que ao instrumento do suplício de Jesus. Será preciso esperar o início do século V para descobrir na tampa de um estojo de marfim, exposto no British Museum de Londres, a representação de um Cristo na cruz, de olhos abertos, imberbe e cabelos compridos. Jesus está vivo e não mostra nenhum sinal de sofrimento.

Os primeiros crucifixos aparecem em seguida na Síria, na Judeia e na Galileia.

No processo de destruição do templo de Ártemis em Éfeso, a cruz inscrita numa pedra da construção indica seu poder mágico de expulsar os demônios e os ídolos[78]. Um símbolo de poder solar e não de aflição, capaz de distanciar as trevas, de aniquilar os dragões, de impedir as inundações e de afastar as doenças dos homens ou dos animais. Mas é em Roma, na segunda metade do século V, que, numa das portas da Igreja de Santa Sabina, é representada pela primeira vez em lugar de culto uma cena de crucifixão. Jesus, barbudo, está nu, com exceção de um *subligacalum*, uma simples tanga. Braços em cruz, olhos arregalados, não expressa nenhum sofrimento. A cruz como instrumento de suplício está ausente, decerto em razão do tabu ligado à crucifixão de Cristo. Seus braços manifestam, através de uma cruz solar, o símbolo do renascimento. Não esqueçamos que o *Christos* ao qual adere o Imperador Constantino assemelha-se como duas gotas de água a uma divindade que personifica o astro diurno, guardião da luz, assim como Apolo da mitologia romana. *In hoc signo vinces* ("por este símbolo vencerás"), o famoso crisma, signo mágico, divino e solar, que segundo o Bispo Eusébio de Cesareia (263-339) teria permitido a Constantino ganhar, em 312, a Batalha de Milvius, decisiva para a coroa do Império, ornará a moeda romana já no início do século IV, em sinal de vitória, mas só será adotado pelo cristianismo um século depois.

Um equívoco tardio

Hoje, a teoria da não crucifixão de Jesus prolifera na internet. Alguns fazem referência a Jonas que, engolido por um peixe gigantesco, passou três dias em suas entranhas até ser regurgitado pelo monstro numa praia, são e salvo, relato mítico que teria inspirado o de Cristo (Jn 2,1-10; Mt 12,39-40). Outros reescrevem os textos canônicos, afirmando que os discípulos do Nazareno roubaram seu corpo do túmulo e que Ele reapareceu restabelecido dos ferimentos,

---

78. Cf. MacMULLEN, R. *Christianisme et paganisme* [Cristianismo e paganismo]. Perrin, 2011, p. 86.

sombra de si mesmo, certamente esgotado, mas não ressuscitado. Um equívoco tardio, provindo do Evangelho apócrifo[79] de Barnabé, anuncia que Jesus teria sido alçado vivo para o céu, à imagem do Profeta Elias (2Rs 2,1-13), e substituído na cruz por Judas Iscariotes. Essa reinterpretação é veiculada pelo Corão, que, seis séculos depois da redação dos evangelhos canônicos, apresenta a crucifixão como invenção dos judeus e a divindade de Jesus como falsificação dos cristãos. Até mesmo o antigo líder líbio Muammar Khadafi afirmou, por ocasião de uma estada em Roma, que "Jesus não foi crucificado", estimulando seus visitantes a se converterem ao Islã.

A negação da crucifixão atinge em cheio a mensagem dos evangelhos, pois sem esse evento não haveria nem ressurreição nem cristianismo. Quanto mais uma interpretação é infundada, mais ela fortalece os conspiradores de todo tipo e semeia a dúvida nos espíritos mais cartesianos. Alguns rejeitam a possibilidade de uma crucifixão de Jesus argumentando (erradamente) que os romanos não utilizavam essa forma de suplício. Isso equivaleria a achar que os astronautas americanos jamais caminharam na lua ou que nenhum avião bateu nas torres do World Trade Center em 11 de setembro de 2001! Eles precisariam ler os escritos latinos e especialmente a obra de Tácito que conta o destino dos judeus (cristãos ou não) crucificados por ordem de Nero, depois do incêndio de Roma[80].

Outros ainda, como certos Testemunhas de Jeová, afirmam sem provas que Jesus não foi supliciado numa cruz, mas pregado num poste. De fato, a palavra grega *stauros* designa uma estaca e não uma cruz, e o historiador Tito Lívio chamava de *crux* um poste de uma peça só, sem barra transversal, sendo que o sentido de "cruz" só foi adotado mais tarde. Entretanto, as descobertas ar-

---

79. Os evangelhos ditos "apócrifos" ou "ocultos" foram primeiro designados como evangelhos "estrangeiros", emanando de diversas comunidades cristãs através do Império Romano. Depois que a Igreja de Roma fez a lista dos textos inspirados e estabeleceu o cânone, esses cerca de setenta escritos foram postos de lado, proibidos de serem lidos publicamente e copiados, depois taxados de heresia e escondidos por seus proprietários. Em sua maioria foram encontrados logo após a Segunda Guerra Mundial.

80. TÁCITO. *Anais*, 15,44.

queológicas indicam que no século I, em Jerusalém, os condenados eram de fato executados numa cruz e não num poste[81].

Um equívoco cristão?

O equívoco de que Jesus não morreu na cruz surge primeiro nos meios cristãos. Essa negação é sintoma de profundas rupturas teológicas sobre a divindade de Cristo, que levarão às primeiras execuções por heresia no século IV. Os basilidianos, membros de uma seita gnóstica de Alexandria do século II, não acreditavam nem em sua crucifixão nem em sua ressurreição. Os carpocracianos, movimento alexandrino contemporâneo do precedente, situam-no ao lado de Pitágoras, de Platão e de Aristóteles como um ideal de homem justo, mas não como um messias. Nem crucifixão nem ressurreição, portanto, para aquele que, já nos primeiros séculos da Igreja, se vê retrogradado de divindade encarnada à condição de homem ideal. Segundo o docetismo (cujo nome deriva do grego *doketai*, do verbo *dokein*, que significa "assemelhar-se" ou "parecer"), Jesus não teria tido corpo real; sua forma humana no decorrer de sua vida terrena teria sido apenas uma ilusão. A doutrina docética defende, nos séculos II e III, a ideia de que, sendo Cristo de natureza unicamente divina, a crucifixão, a paixão, a ressurreição e a ascensão não teriam realmente acontecido. O fato de Jo 1,14 proclamar que "a Palavra se fez carne" não significa que Deus se fez "homem", mas que tomou a aparência de um homem, sem realmente ser constituído de carne e de sangue[82]. Para o docetismo, o grande mal é a matéria, à qual Deus não pode ser associado. Os sofrimentos de Jesus não podem ter sido vividos, pois Cristo só teria tido um corpo etéreo, celeste por essência.

Essa opinião difundida no movimento gnóstico se expressa na Primeira Epístola de João e é retomada no século II num escrito de Serapião, bispo de Antioquia. Se Jesus tivesse sido de natureza divina, como poderia ter sofrido na cruz? Alguns, de imaginação fértil, dizem que foi um de seus discípulos, Judas ou Pedro, que tomou seu lugar.

---

81. HAAS, N. *Les Dossiers de l'archéologie* [Os dossiês de arqueologia], n. 10, p. 107.

82. IRÉNÉE. *Contre les hérésies*, V, 1. [Ed. bras.: IRINEU DE LIÃO. *Contra as heresias*. 7. reimpr. São Paulo: Paulus 2021.]

Jesus era Deus ou era como Deus?

Ário, teólogo alexandrino do século IV, defenderá a concepção de que Jesus era um ser criado dotado de atributos divinos, sem que Ele mesmo fosse divino. Assim, o arianismo afirmará que, embora Deus seja divino, seu Filho é humano, mas um ser humano que dispõe de uma parcela de divindade, à imagem dos semideuses da mitologia greco-romana, como Héracles. Acusado de falsa doutrina, será condenado por heresia no primeiro Concílio de Niceia, em 325. Entretanto, terá conseguido convencer através do Império povos de tradição politeísta, godos, ostrogodos ou visigodos, e também vândalos, que, no início do século V, fundarão seu reino da África do Norte, na região da atual Argélia, levando na bagagem ideias que se expressarão dois séculos depois no seio do Corão: nem divindade de Jesus, nem Trindade, nem crucifixão, nem ressurreição.

O Corão não crê na crucifixão de Jesus

Um texto do século XIII (1298) atribuído a Jamal al-Din ibn Wasil, sem dúvida extraído de uma crônica dos Aiúbidas[83], relata a conversa em sonho de um certo Al-Uris com Jesus, filho de Maria. "A crucifixão realmente aconteceu?", ele pergunta. "Sim, a crucifixão aconteceu", replica Jesus. Uma resposta imediatamente desmentida por um vidente que, analisando o sonho, explica: "Jesus é infalível e não pode dizer senão a verdade. Assim, a crucifixão de que fala não pode ser a dele, uma vez que o Corão estabelece particularmente que Jesus não foi crucificado nem morto. Por conseguinte, quem afirma o contrário é que deverá ser crucificado"[84].

Sete séculos depois dos fatos, o livro sagrado dos muçulmanos sustenta que Cristo não foi posto na cruz, que não foi morto, "que só lhes pareceu assim"[85], isentando indiretamente os judeus da suposta responsabilidade por sua morte, ao mesmo tempo acusando-os de

---

83. Dinastia curda e muçulmana que, a partir de Saladino, reinou sobre a Síria, a Mesopotâmia, o Egito e o Oriente Próximo, até o Iêmen, de 1170 a 1260.

84. Texto citado em KHALIDI, T. *Un musulman nommé Jésus* [Um muçulmano chamado Jesus]. Albin Michel, 2003, p. 220.

85. Surata 4, 157.

não terem acreditado nele...! Ele assume as doutrinas docetistas e gnósticas, especialmente o Evangelho de Barnabé, garantindo que ninguém detém a prova da identidade do crucificado, na verdade, sem observar a mesma prudência para com seus próprios versículos que relatam a descida do Corão até o Profeta Maomé durante o mês de Ramadã.

O Evangelho de Barnabé

Em 2000 foi descoberto na Turquia um códice cujo texto poderia estar na origem das teorias gnósticas e muçulmanas sobre o desfecho da vida terrena de Jesus. Atribuído ao Apóstolo Barnabé o Consolador, um levita de Chipre cujo verdadeiro nome era José, esse evangelho datado da segunda metade do século II confirma o equívoco de que Jesus Cristo não era Filho de Deus, não foi crucificado, mas substituído na cruz por Judas Iscariotes e alçado para os céus, como o Profeta Elias, que subiu vivo para o céu sem conhecer a morte. "Acredite em mim, mãe: estou dizendo a verdade, nunca morri. Deus me reservou até a chegada do fim do mundo", Ele confia a Maria. Como Judas se parecia com Jesus tanto pelas feições como pela linguagem, todos o confundiam com Ele, continua explicando, confirmando que não era Ele quem estava na cruz. Uma dissimulação que, segundo ele, deverá durar até a chegada do Profeta Maomé: "Confesso diante do céu, e tomo por testemunha tudo o que habita a terra, que não tenho nada a ver com tudo o que os homens disseram de mim, ou seja, que eu seria mais do que um homem. Pois sou apenas um homem, nascido de uma mulher, submetido ao julgamento de Deus, vivendo aqui como os outros homens, submetido às misérias comuns"[86]. Jesus Cristo não teria então o poder divino de vida e de morte que o cristianismo lhe atribui e, portanto, não poderia ter ressuscitado nem Lázaro nem Ele mesmo.

---

86. Evangelho de Barnabé 94,1.

Contraverdade n. 22

Jesus era cristão

Jesus inspirou o cristianismo, mas Ele não era cristão. Jesus nasceu, viveu e morreu como judeu. Seus discípulos eram judeus. Sua mãe era originária da casa de Levi, por parte de sua mãe Ana, e da casa de Judá, por parte de seu pai Joaquim. Segundo Mt 1,20 e Lc 2,4, José, seu pai terreno, era da tribo de Judá e da descendência de Davi.

Segundo os evangelhos, os pais de Jesus respeitam a tradição do judaísmo indo "todos os anos na Festa de Páscoa, [...] a Jerusalém" (Lc 2,41). Numa dessas peregrinações eles o encontram no Templo, "sentado no meio dos doutores, ouvindo e fazendo perguntas" (Lc 2,46). As participações de Jesus nas duas outras peregrinações anuais do judaísmo também são mencionadas nos evangelhos. O Apóstolo João relata que "Jesus subiu a Jerusalém" (5,1) por ocasião do Sucot, Festa das Tendas ou Festa das Colheitas. Os Atos dos Apóstolos dão testemunho de sua presença por ocasião do Shavuot, o Pentecostes, que acontece cinquenta dias depois da Festa de Pessach, celebração do dom da Torá a Moisés (2,1-5).

A judeidade de Jesus foi rejeitada durante séculos pelas autoridades eclesiásticas e por muitos "intelectuais". No entanto, Ele não é nem fundador da Igreja nem cristão. É Tiago o Justo, dito "irmão de Jesus" (lapidado em 62), que, seguindo seus passos, organiza a primeira comunidade cristã em Jerusalém. Trata-se então da cristalização de um novo movimento religioso judeu de inspiração profética e tendência messiânica, difundido pelos discípulos de Cristo. Um grupo que se acrescenta à diversidade do panorama religioso do judaísmo, mas não rompe com ele.

Jesus não só foi circuncidado segundo o rito judaico no oitavo dia depois de sua vinda ao mundo como, segundo o Evangelho de Lucas (2,22-24), também foi apresentado ao Templo de Jerusalém por sua mãe, Maria, quarenta dias depois de nascer. Esse rito de "resgate do primogênito masculino" responde à prescrição do Livro do Êxodo (13,2.11-13) e do Livro dos Números (18,15) de consagrar o primeiro filho homem a Deus. O sacrifício de duas rolinhas no Templo vem confirmar esse resgate e marca, ao mesmo tempo, a purificação de Maria. De fato, o Levítico (12,1-8), terceiro livro do Pentateuco redigido no século V a.C., estabelece especialmente as regras de pureza de acordo com a revelação feita a Moisés no Sinai, impondo a toda mãe que dá à luz um menino respeitar quarenta dias de purificação antes de poder voltar à sociedade. Esse rito será celebrado no cristianismo sob o nome de "purificação da Virgem Maria" em 2 de fevereiro, dia da Candelária, da bênção dos círios e da volta da luz depois da escuridão invernal. *Februare*, em latim, acaso não significa "purificar"?

Elias, por que me abandonaste?

Negar a judeidade de Jesus provém de um revisionismo que não resiste à análise dos evangelhos. O Apóstolo Paulo (Saul, em hebraico) confirma em Rm 11,2 que "Deus não rejeitou o seu povo, a quem de antemão escolheu". A intenção de Cristo é límpida. Ele declara em Mt 5,17: "não [...] vim abolir a Lei ou os Profetas. Não vim abolir, mas completar". Causador de problemas para os romanos, profeta para alguns, Messias para outros, Jesus tem raízes na religião de Israel e é indissociável da história de seu povo.

Celebra Pessach (Páscoa) e o êxodo dos hebreus do Egito seguindo o ritual judaico e sobe em peregrinação até o Templo de Jerusalém. "Enquanto não passar o céu e a terra, não passará um i ou um pontinho da Lei, sem que tudo se cumpra", Ele promete, segundo Mateus (5,18). Na cruz, é o Profeta Elias que Jesus invoca: "Elias,

Elias, por que me abandonaste?" A volta deste último, que no século IX a.C. realiza a primeira ressurreição de um morto, é evocada a cada celebração de Pessach. Malaquias, considerado pela tradição judaica como o último profeta, anuncia que Deus enviará "o Profeta Elias antes que chegue o Dia de Javé [...] e fará voltar o coração dos pais para os filhos e o coração dos filhos para os pais" (3,23-24). Elias não teria morrido, mas teria sido levado num carro de fogo e subido ao céu num turbilhão (2Rs 2). Aquele que ocupa um lugar central na lei judaica teria reaparecido regularmente depois de seu desaparecimento. Enviado por Javé a fim de trazer a paz ao mundo, supostamente volta para salvar os judeus em perigo, vem em socorro dos que são ameaçados. É natural portanto que, no terrível momento da crucifixão, Jesus, impregnado pela tradição judaica, invoque esse arauto da redenção.

A que movimento do judaísmo Jesus pertence?

Jesus não é nem Che Guevara, nem Gandhi, nem um revolucionário zelote à imagem de Judas Galileu, mas sem dúvida um rabino, ou seja, um doutor da Lei, não fundamentalista. Tal como relata o historiador Flávio Josefo, há no século I vários movimentos de pensamento que coexistem no judaísmo, sem que, no entanto, haja secessão.

Os saduceus, representantes do clero do Templo, atêm-se à tradição escrita. Recusando qualquer alteração oral da Torá e o conceito de ressurreição dos mortos, consideram a preservação do Templo de Jerusalém indispensável à perenidade da religião de Israel.

Os fariseus, cujo nome deriva do hebraico *peruchim* ("estar separado"), privilegiam desde o século V a.C. um judaísmo baseado no estudo da Torá. Guardiães das tradições e dos textos, dão-se por missão instruir o povo na lei judaica escrita, e também oral. Consoladores de uma comunidade exangue, trazem a esperança de uma vida melhor associada ao juízo final anunciado pelos profetas e auguram o reinado da justiça no "mundo por vir". Uma elite espiritual que Jesus critica zombando dos que buscam as honras (Lc 11,37-52; 12): trata os fariseus de hipócritas, que pagam "o dízimo da hortelã, da erva-doce e do cominho", mas não se preocupam "com o mais importante da Lei: a justiça, a misericórdia e a fidelidade" (Mt 23,23). Contudo, o ensinamento de Jesus, tal como é descrito nos evangelhos, vai ao encontro de certos aspectos do pensamento fariseu: respeito à Lei, crença na ressurreição e profunda devoção.

Os zelotes, braço armado dos fariseus, como rei só reconhecem Deus e unicamente Deus. A Torá é sua Constituição e eles lutam contra a presença romana na terra de Israel, convencidos de que assim estão acelerando a chegada da era messiânica. Seu zelo sem dúvida levará à insurreição de 66, que provocará em 70 a destruição do Templo de Jerusalém pelos legionários de Tito.

Finalmente vêm os essênios, guardiães do Templo fora do Templo. No tempo de Jesus esse movimento contava cerca de 4 mil fiéis. Desde o século II a.C., vestidos de branco, os essênios, cujo nome significa os "santos, os "curadores ou ainda os "puros", preconizam uma vida em comunidade, a castidade, a separação das mulheres e rituais cotidianos de purificação. Contrários aos sacrifícios de animais, acreditam num destino inevitável e impõem respeito absoluto à lei judaica. Tendo levantado armas contra os romanos, desaparecerão com o Templo de Jerusalém e a queda de Massada em 73.

Jesus certamente não é nem zelote, nem essênio, nem fariseu, mas um sábio reconhecido que adapta as prescrições da lei de Israel aos sofrimentos de seu povo e às duras realidades do Império Romano. Não se trata de ruptura com a lei, mas de seu cumprimento. É das fontes do judaísmo que brota sua mensagem: "Amarás teu próximo como a ti mesmo".

Não é esse um ensinamento de Lv 18,19?

O vínculo entre judaísmo e cristianismo é, portanto, antes de tudo carnal e provém de uma proximidade de herança e de inspiração. Para penetrar o pensamento cristão não será preciso antes impregnar-se do pensamento judaico?

Contraverdade n. 23
Jesus não era circuncidado

Se Deus quisesse que os homens fossem circuncidados, Ele os teria feito sem prepúcio! O equívoco é tenaz. No entanto, a divindade bíblica não concebeu o mundo acabado, ela deixou à humanidade o cuidado de aprimorá-lo. Essa aliança entre o Criador e sua criatura é selada pelo rito de circuncisão dos meninos de Israel. O Menino Jesus não poderia escapar a essa prática de entrada na sociedade israelense. Sua circuncisão, relatada especialmente no Evangelho Segundo Lucas (2,21), é realizada oito dias depois de seu nascimento, conforme impõe a tradição judaica. O ato será celebrado, a partir do século IV, em 1º de janeiro, ou seja, na oitava da Natividade, estabelecida no ano 336 em Roma em 25 de dezembro, data do nascimento do deus solar Mitra e ponto culminante da Festa das Saturnais anunciando o renascimento do mundo depois do inverno.

A relíquia do santo prepúcio, ou *sanctum praeputium*, será reivindicada por muitos lugares cristãos da Europa, entre os quais Santiago de Compostela, a Abadia de Coulombs ou ainda a Catedral de Puys-en-Velay, antes que sua celebração seja suprimida do calendário litúrgico em 1960, numa tentativa de "desjudaizar" Jesus. Depois o Papa Paulo VI, em 1974, substituirá a Festa da Circuncisão pela de Santa Maria, Mãe de Deus, quando já se contam no ano 13 solenidades consagradas à Virgem Maria...

Essa iniciativa de ruptura com o rito inscreve-se no processo de "desjudaização" iniciado pelo Imperador Adriano, que teria proibido a circuncisão ao conjunto dos povos do Oriente Próximo – o que teria sido um dos motivos da última revolta judaica contra Roma (131-135). Seu sucessor, Antonino Pio, imperador de 138 a 161, se oporá à circuncisão dos não judeus (só a autorizando para filhos de judeus). Sétimo Severo (193-211) proibirá a conversão ao judaísmo.

Nem mesmo o Apóstolo Paulo ousara romper com o rito de circuncisão, lembrando, contudo, que a devoção não depende da ablação do prepúcio, mas do coração. Retomando a promessa de Dt 30,6, de que "o Senhor teu Deus circuncidará teu coração e o coração de teus descendentes", Paulo de Tarso não rejeita essa prática, mas a perpetua, acrescentando em Gl 5,2-6 que "nada vale estar ou não estar circuncidado, mas a fé que age pelo amor". Em vez de a abolir, ele a torna facultativa, abrindo assim as portas do mundo pagão para conversões mais fáceis. Impossível, inclusive para São Paulo, renunciar a essa tradição de nome derivado do latim "cortar ao redor" e chamada em hebraico de *berit milah*, que é o signo da aliança eterna entre o Deus bíblico e o povo de Israel (Gn 17).

Teólogos católicos pediram ao Papa Bento XVI, depois ao Papa Francisco, que a Festa da Circuncisão fosse restabelecida. Sem sucesso. Entretanto, a celebração da circuncisão de Jesus, preservada pelas Igrejas do Oriente, é essencial à mensagem cristã. Segundo Lucas (1,31), o rito está associado à atribuição pelo anjo do nome de Jesus: *Yehoshua*, "Javé salva", em grego, *Iesous*.

Contraverdade n. 24

Jesus era solteiro

A pergunta que se deve fazer não é se Jesus era casado, mas se, no contexto da Judeia e da Galileia do século I, Ele podia permanecer solteiro. Casar e gerar filhos são etapas essenciais para definir a qualidade de um homem na sociedade judaica de então. Pode ser que simplesmente evocar uma união seja supérfluo, uma vez que o mandamento divino é inapelável: "Crescei e multiplicai-vos!", obrigação repetida quatro vezes no Gênesis, de que ninguém podia se livrar.

É possível que um homem judeu no século I possa ser respeitado, então, sem tomar esposa? Não, sem dúvida. O casamento faz parte do plano divino desde Adão e Eva: "Não é bom que homem esteja só [...]. O homem [...] se unirá à sua mulher e se tornarão uma só carne" (Gn 2,18-24).

Ninguém esquece a afronta feita a Zacarias, sacerdote do Templo. Como seu casamento foi taxado de estéril, ele padeceu os piores tormentos até que sua mulher Isabel desse à luz o futuro João Batista. Também Joaquim foi mantido afastado do Templo por culpa de não paternidade, impedido de apresentar suas oferendas ao santuário até que sua esposa, Ana, desse à luz Maria.

Não ter progênie aparece como um castigo. É o sinal terrível de que o olhar de Deus se afastou de uma pessoa. Quem não tem filhos pode ser considerado morto em vida. Todos os justos têm descendência. Quem não é casado e não gerou pelo menos dois meninos, ou um menino e uma menina, é um homem incompleto. Para ele, portanto, é impossível ensinar a Lei ou proceder aos sacrifícios rituais.

A união entre um homem e uma mulher detém o segredo da fundação do mundo. Renunciar a isso é romper com o Santo dos Santos, o lugar mais sagrado na terra, o quarto nupcial por excelência, o leito da aliança entre Deus e seu povo. O mistério que une dois seres é imenso, pois sem essa aliança o mundo não existiria. Jesus, portanto, não podia fugir a essa regra.

Jesus e Maria Madalena eram amantes

Verdadeira alucinação cultural, o *Da Vinci Code* [*O Código da Vinci*], publicado por Dan Brown em 2003, é para a exegese bíblica o que James Bond é para a espionagem: um delírio literário. Tomar uma teoria de romance de banca de jornal por uma verdade teológica equivale a visitar, no Castelo de If, a cela onde ficou preso o Conde de Monte Cristo, uma vez que esse personagem e seu cárcere, nascidos da imaginação de Alexandre Dumas, não têm realidade histórica.

Se o local central de uma ficção se torna lugar histórico, uma miragem pode se tornar realidade? A hermenêutica pode escapar das exigências do *marketing*?

A relação entre Maria Madalena e Jesus, descrita nos evangelhos canônicos e apócrifos, alimenta fantasias contraditórias. De fato, há mais sutilezas no erotismo bíblico do que em *Cinquenta tons de cinza*. A intimidade tórrida entre Maria Madalena e Jesus vai muito além do simples desejo de uma união sexual.

"Maria pegou então um frasco de um perfume de nardo puro muito caro, ungiu os pés de Jesus e os enxugou com os cabelos", diz o Evangelho de João (12,3). Nardo, mirra e outras fragrâncias fazem parte do arsenal de sedução evocado nos evangelhos e no famoso Cântico dos Cânticos, livro sulfúreo de 117 versículos incluídos no cânone bíblico. Um poema lírico de amor, atribuído pela lenda ao Rei Salomão, mas sem dúvida redigido entre os séculos IV e III a.C., que põe em cena dois amantes inflamados de desejo um pelo outro.

O Cântico dos Cânticos, frequentemente considerado o livro mais santo do cânone bíblico, transfigura o amor desses dois amantes que se fundem em um só, à imagem do povo de Israel que aspira a formar uma unidade com Deus. Corpo a corpo, respiração a respiração: "Sua boca me cubra de beijos!", clama a amante. O segredo do amor verdadeiro os invade. Esse segredo é o da unidade. O *Zohar*, obra de exegese mística da Torá redigida por volta de 1270, explica que "pelo beijo os amantes trocam seus espíritos [...]. Quando os espíritos dos dois amantes se encontram por um beijo, boca sobre boca, os espíritos não mais se separam uns dos outros".

A poesia do Cântico dos Cânticos faz do erotismo um meio de elevação espiritual. Esse diálogo dos corações é a expressão sensual de uma atração irresistível dos corpos. O mesmo ímpeto aproxima Maria Madalena de Jesus e anuncia tanto a comunhão das almas como a dos corpos. O perfume que ela espalha sobre Ele lembra os saquinhos de mirra que outrora os noivos bíblicos tinham o costume de se oferecer e de pendurar no pescoço como símbolo do desejo ardente de seus corações. O nardo colocado entre os seios da noiva tem a função de aguçar os sentidos e preparar seu corpo para a união com seu bem-amado. "Enquanto o rei está no meu recinto, meu nardo exala seu perfume", promete a amante do Cântico dos Cânticos. O recinto simboliza o sexo feminino fechado para todos, mas aberto para seu amante. O nardo figura a semente feminina, prova do desejo da amante.

A alquimia entre Maria Madalena e Jesus renova o erotismo do Cântico dos Cânticos, elevando a relação de um casal à categoria de um casamento entre um povo e seu Deus.

O erotismo da fé

A relação entre o Deus bíblico e seu povo é uma história de amor marcada por amor, ciúme, às vezes por adultério e sempre por paixão, que tanto os gregos como os romanos não podem compreender. Apresentado como noiva de Javé, o povo de Israel busca, portanto, uma relação monogâmica com sua divindade, reflexo no céu da união na terra de uma mulher e um homem.

Segundo o *Zohar*, a alma é constituída de duas partes, uma feminina e outra masculina, que uma vez separadas vão animar corpos diferentes e, se forem dignas disso, reunir-se de novo. A conjunção das duas energias permite reencontrar a centelha original.

"O corpo, e só ele, é capaz de tornar visível o invisível: o espiritual e o divino"[87], declara João Paulo II em sua *Teologia do corpo*. É na verdade o que faz Maria Madalena ao revelar o corpo de Jesus por meio do desejo que Ele lhe inspira.

O Papa Inocêncio III (1160-1216) considera o ato sexual "vergonhoso e mau", porém o judaísmo e os judaico-cristãos o veem como santo. Os Pais da Igreja consideram a abstinência sexual um meio de aprimoramento de uma pessoa. O judaísmo, ao contrário, acha que é a união carnal realizada de forma certa, no momento certo e com a pessoa certa que permite o aprimoramento de uma mulher ou de um homem. Por isso sua prática – como um rito – deve ser organizada.

Os dois querubins enlaçados sobre a Arca da Aliança outrora colocada no Santo dos Santos dão a imagem de um abraço amoroso à luz da sala mais sagrada do Templo de Jerusalém. O abraço amoroso entre feminino e masculino detém o segredo da edificação do mundo[88]. "Não há pecado, sois vós que fazeis existir o pecado"[89], diz Jesus a Maria Madalena, enquanto o Evangelho de Filipe lembra que sem a união de dois amorosos, sem essa aliança, o mundo não existiria.

Maria Madalena, à imagem da bem-amada do Cântico dos Cânticos, conhece com Jesus um abraço sagrado do qual ela nunca se desprenderá. Portanto, não vejamos em sua relação bíblica uma retomada romanesca do *Código Da Vinci*, mas uma atualização do Cântico dos Cânticos no contexto do cristianismo nascente.

Um papiro copta casa Jesus

O Evangelho de Filipe (55) relata que "Jesus frequentemente beijava Maria de Magdala na boca". Deve-se concluir daí que esta última era sua esposa? Descobrir a *ketouba* (contrato de casamento)

---

87. João Paulo II, audiência de 20 de fevereiro de 1980: *Teologia do corpo*, 19, 4.

88. *Cf. Lettre sur la sainteté* – La Relation de l'homme avec sa femme [Carta sobre a santidade – A relação do homem com sua mulher]. Verdier, 1993.

89. Evangelho de Maria 7,15-16.

de Jesus e de Maria de Magdala acabaria com as especulações sobre o assunto. A busca desse graal conjugal, de fato, quase se concluiu com a exumação de um fragmento do Evangelho redigido em copta. Traduzido e estudado por Karen King, professora da Harvard Divinity School, o documento foi examinado por dois peritos de Princeton e da New York University, trazendo em 2012 novos elementos em favor de um casamento de Jesus, provavelmente com Maria de Magdala. O papiro minúsculo relata afirmações de Jesus para apóstolos que reclamam a partida daquela que Ele qualifica de "minha mulher", que será "capaz de ser meu discípulo". "Ela merece", Ele acrescenta, explicando: "Eu moro com ela".

Esse equívoco de casamento suscitou comentários apaixonados, negações e adesões. Um novo estudo, então, foi providenciado, dessa vez realizado por equipes científicas das universidades de Colúmbia, de Harvard e do Massachusetts Institute of Technology. Publicado em 2014 na revista científica *Harvard Theological Review*, o estudo confirma que o papiro, a tinta, a letra e a estrutura gramatical datam do século VI ao IX. "Todas essas análises e o contexto histórico indicam que esse papiro é quase certamente produto de cristãos antigos e não uma falsificação de hoje", ele conclui.

Depois dessa primeira autenticação, Christian Askeland, jovem cristão evangélico americano da universidade protestante de Wuppertal, na Alemanha, expressou dúvidas sobre a autenticidade do documento, tentando demonstrar que se trataria de uma falsificação. Teoria com repercussões apaixonadas na internet. Mas qual poderia ser a motivação de um falsário ou de seu detrator? No processo de avaliação dos argumentos desse pesquisador, seria irresponsável não levar em consideração sua convicção evangélica[90]. Outro especialista, Roger Bagnall, professor de História da Columbia University e diretor do Institute for the Study of the Ancient World, lembra que até hoje não existe nenhum exemplo verificável de um papiro contendo um texto antigo que não seja autêntico. "Seria a primeira vez", ele

---

90. Cf. GOODSTEIN, L. *Fresh doubts raised about papyrus scrap known as "Gospel of Jesus wife"* [Novas dúvidas levantadas sobre o fragmento de papiro conhecido como "Evangelho da esposa de Jesus"]. *New York Times*, 04/05/2014.

acrescenta. A *Harvard Theological Review*, aliás, não encontrou nesse fragmento nenhum elemento que provasse falsificação.

Todo o questionamento do suposto celibato de Jesus inflama ainda hoje os comentários na internet e as contrateorias científicas. Os monoteísmos, que, ao contrário dos politeísmos, querem a todo custo inscrever-se num tempo histórico, alegam nas ciências e nos acontecimentos da história os sinais da realidade de sua fé. Muitos veem na promoção feita desse papiro o questionamento dos evangelhos canônicos. Uma acusação infundada, uma vez que as escrituras sagradas não mencionam em nenhum momento o estado civil de Jesus, nem num sentido nem no outro.

Devemos acrescentar que, de acordo com o pensamento cristão, o Deus bíblico escolheu viver uma existência terrena, comer, sofrer e morrer como uma de suas criaturas. Por que se deter então na união de uma mulher com um homem? Deus não se apresentou na terra sob a forma de um anjo ou de uma nuvem, como Zeus, mas como um homem de carne e sangue. Note-se também que todos os textos qualificados de "apócrifos" não emanam de opositores do cristianismo, mas de cristãos fervorosos. Esses textos trazem a prova da coexistência de uma diversidade no cristianismo em seus primeiros séculos. O que poderia aparecer para alguns como ameaça à sua fé, na realidade só exprime a riqueza espiritual que permitiu a edificação do cristianismo.

Clemente de Alexandria, inventor do celibato de Jesus?

Um século depois que a *Pistis Sophia* qualificou Maria de Magdala de mulher "superior a todos os discípulos", as poucas linhas desse papiro, na verdade muito danificadas, autênticas ou não, trazem o benefício de nos obrigar a refletir e a questionar as afirmações de Clemente de Alexandria, que foi o primeiro a colocar, entre o final do século II e o início do III, a teoria de um Jesus não casado.

"Quem é casado que não repudie sua mulher, quem não é casado que não se case. Quem confessou que não queria se casar, de acordo com seu voto de castidade, que permaneça solteiro"[91], ele aconselha. Uma posição de acordo com sua própria convicção de que o casamento, fonte de fornicação, seria de inspiração demoníaca. Uma vez que só Deus é sem pecado, o cristão (todos os cristãos) deveria imitar Jesus e privilegiar o celibato para evitar a tentação da sexualidade e se aperfeiçoar moralmente. Jesus não teria vindo para "dar um fim à obra da mulher, o parto e a morte", diz Clemente de Alexandria citando o Evangelho dos egípcios[92].

O celibato dos padres, questão de legado ou de espiritualidade?

É "absolutamente proibido aos bispos, padres e diáconos, e ainda a todos os clérigos dedicados ao ministério, terem relações sexuais com suas esposas e gerarem filhos", sob pena de exclusão da Igreja (cânone 33 do Concílio de Elvira, 305-306). Entre 314 e 319, o primeiro cânone de Neocesareia, na Capadócia, na atual Turquia, proíbe que um padre contraia união, sob pena de ser excluído do clero. Em 325, o Concílio de Niceia proíbe os bispos, padres e diáconos assim como todos os membros do clero "de terem com eles uma companhia feminina, a menos que seja mãe, irmã, tia ou as únicas pessoas isentas de toda suspeita". O Concílio de Cartago II, em 390, declara que o padre e o diácono, guardiães da pureza, devem abster-se de "comércio conjugal com sua esposa, a fim de manterem a castidade perfeita essencial ao serviço do altar".

Em 1074, no Concílio de Roma, o Papa Gregório VII impõe que o clero seja escolhido entre os homens solteiros. 5 anos depois, diante da fraca repercussão dessa ordem, ele reafirma o caráter obrigatório do celibato dos padres e proíbe toda tentativa de justificar o casamento deles pela tradição cristã. Trata-se provavelmente menos de uma providência espiritual e mais da preservação dos bens eclesiásticos, constituídos principalmente de dons e legados, visando evitar que essas heranças sejam perdidas para os filhos dos padres.

---

91. CLEMENTE DE ALEXANDRIA. *Estrómatas*, 3, 15.

92. Ibid., 3,9.

Em 1123, o Concílio de Latrão reunido sob o Papa Calisto II, o primeiro depois da ruptura entre a Igreja de Roma e a Igreja do Oriente, resolve definitivamente em favor do celibato dos padres decretando inválidos os casamentos dos clérigos. O Segundo Concílio de Latrão, convocado pelo Papa Inocêncio II em 1139, confirma a invalidação de todos os casamentos dos clérigos, posteriores ou anteriores a ele. A questão era na verdade impedir o desvio dos bens dos padres para seus descendentes.

Enquanto o Concílio de Trento, entre 1545 e 1563, estabelece o celibato como superior ao casamento, o protestantismo marcará sua divergência para com o catolicismo, especialmente quanto à santificação da união conjugal. Casado Lutero, os ministros do culto, mulheres e homens, seguirão seu exemplo.

Contraverdade n. 25
Jesus vivia na Palestina

Afirmar que Jesus vivia na Palestina é não só negar a realidade histórica da região como, também, contestar a filiação judaica do cristianismo. Sejam quais forem as realidades políticas de hoje, apagar a cronologia do destino das populações do Oriente Próximo impede para sempre que se chegue a uma situação de conciliação e de equidade. Também aqui, a mentira não pode estar na base de uma relação justa entre povos que, no entanto, compartilham uma história comum milenar.

Sustentar que Jesus era palestino é simplesmente falso. Uma contraverdade que nada traz de bom à causa da paz, hoje defendida por ambas as partes, e que, ao contrário, dá a impressão de uma causa construída sobre areia.

Jesus não pode ter nascido na Palestina, pois, simplesmente, a denominação "Palestina" ainda não existia. O futuro Cristo nasceu em Belém, na Judeia, que só se tornará província romana no ano 44, sob o reinado do Imperador Cláudio. A Judeia, ou "país de Judá", que em hebraico significa "Javé seja louvado", designa seus habitantes, os "judeus", como *ioudaios* em grego e *judaeus* em latim, traduzido por *judeano*.

No ano 4 a.C., a Judeia dos evangelhos resulta primeiro da divisão, pelo idumeu Herodes o Grande, de seu reino entre seus três filhos. Judeia, Idumeia e Samaria vão para Arquelau. Galileia e Pereia são entregues a Herodes Antipas (o que mandará decapitar João Batista), e as possessões do nordeste (Gaulanitide, Traconítide, Bataneia, Paneas, Auranítide e Itureia), a Filipe.

No ano 6 d.C., Arquelau é deposto pelo Imperador Augusto. Seus territórios são imediatamente anexados à província imperial da Síria e, entre 26 e 36, serão postos sob a administração do Procurador Pôncio Pilatos.

Um século depois, em 135, a última revolta judaica contra Roma, sob o comando de Bar Khokeba, o "filho de Estrela", considerado por alguns como o Messias, termina com um terrível massacre dos judeus e a destruição de Jerusalém. O Imperador Adriano quer dar fim ao ninho de insurreição permanente que a Judeia representa desde a tomada de Jerusalém por Pompeu, em 63 a.c. Nem mesmo a destruição do Templo por Tito, em 70, acabou com as revoltas. Dois séculos de conflitos que enfraquecem o poder de Roma no Oriente Próximo e que o cristianismo nascente mina através das diásporas judaicas no Império.

Inspirado por uma menção do geógrafo grego Heródoto, Adriano utiliza o termo "país dos filisteus" para fazer desaparecer o "país dos judeus". De acordo com tábulas de Mari e de Ugarit do segundo milênio a.c., os filisteus, originários de Caftor, sem dúvida de Creta, de Chipre e das regiões costeiras do Mar Egeu, tentaram uma incursão no Egito por volta do século XII a.c. Essa tribo não semítica originária dos afamados povos do mar, libertados pelo desmoronamento do Império Hitita, foi repelida por Ramsés III (1186-1155 a.C.). O faraó autorizou-os a se instalarem numa faixa litorânea do país de Canaã em cinco cidades: Gaza, Asdode, Ascalão, Gate e Ecrom. O confronto entre os filisteus e as tribos locais de Israel é relatado pelos textos bíblicos de Gedeão, da Profetisa Débora, de Sansão, de Saul e, finalmente, do Rei Davi, que dará fim à presença filisteia na região.

A designação hebraica *Pelistim* será retomada por Adriano para definir a nova província romana de Síria Palestina, cuja capital será Cesareia. César também decide extinguir a existência de Jerusalém, transformando-a em cidade romana. Substitui-a então por Aelia Capitolina – Aelia, do nome de sua própria família, e Capitolina, em honra das divindades do Capitólio, em Roma –, depois, segundo o rito de instituição de uma colônia romana, faz passar o arado de fundação sobre a localização da antiga Jerusalém e revolver o Monte do Templo. Proíbe-se aos judeus entrarem na cidade, exceto em 9 do mês de Av, data da destruição do Templo. Em 358, a Síria Palaestina é dividida em duas províncias e, um século depois, aparecem uma segunda e uma terceira "Palestina". O território passa então de mão em mão. A Judeia, e especialmente Jerusalém, encontram-se sob dominação cristã, primeiro sob influência de Constantino I. No século VI, o imperador bizantino estende seu poder sobre a região. Em 611, vêm os persas do Rei Cosroes II. A dominação muçulmana impõe-se a partir de 638. O Califa Omar (579-644), segundo sucessor de Maomé, autoriza sessenta famílias judias a voltarem a se instalar em Jerusalém. Cerca de 20 anos depois, a dinastia dos omíadas, descendentes do tio-avô do profeta, predomina sobre o mundo muçulmano. O nome *Palestina* é reutilizado e simplesmente arabizado. Jerusalém torna-se "a Santa", Al-Quds, mas a capital dos califas omíadas é Damasco. Em 1099, os cruzados conquistam a região de Jerusalém. Em 1187, Saladino se apossa da cidade e a torna exclusivamente muçulmana, destruindo as cruzes edificadas pelos cruzados. Ele autoriza e convida os judeus a voltarem a ela.

Entre 1260 e 1517, os mamelucos, que tomaram o poder no Egito, dominam a Palestina. No século XVI, os turcos otomanos e muçulmanos reinam sobre o Oriente Próximo. Após quatro séculos de supremacia, o Império Otomano desmorona em 1917. A Palestina é submetida à autoridade britânica em 1918. O mandato britânico termina em 1948. Em 14 de maio a ONU cria o Estado de Israel depois da votação pela divisão do território da Palestina de 29 de novembro de 1947. Mas, em 15 de maio de 1948, os exércitos egípcio, sírio, iraquiano, jordaniano e libanês declaram guerra ao novo Estado. A partir de então, a região não teve paz. Adriano decerto não imaginava que, sufocando a revolta judaica de 135, criaria um vulcão que, dois milênios depois, ainda estaria em erupção.

Contraverdade n. 26
Jesus falava latim

Por que os equívocos pretendem a todo custo que Jesus não se tenha expressado em hebraico? Por que o Papa Francisco, em visita a Israel em 2014, declarou com insistência que o aramaico era a língua de Cristo?

Note-se que, até hoje, não há documento escrito por Jesus ou retranscrição contemporânea de suas palavras que possam estabelecer inequivocamente o idioma falado por Cristo. As falas de Jesus foram relatadas posteriormente pelos redatores dos evangelhos, que as registraram na língua que então lhes pareceu mais adequada a seu público ou correspondente ao entorno de Jesus.

É certo que Jesus não falava nem latim nem grego, à imagem do conjunto dos judeanos. Aprender uma língua estranha ao hebraico era considerado pelos sábios como perda de um tempo que deveria de preferência ser dedicado ao estudo da Torá.

Não há dúvida nenhuma de que uma pessoa erudita como Jesus não podia desconhecer o hebraico, língua essencial à cultura de Israel, à transmissão da palavra divina e à compreensão da maior parte do *corpus* bíblico.

É verdade que a comunidade judaica instalada em Alexandria, desde o século IV a.C., havia esquecido o hebraico em favor do grego, a ponto de ser preciso, dois séculos depois, fazer a tradução da Torá para o grego, a "Septuaginta", a fim de que os judeus pudessem compreender as preces e narrativas bíblicas que eles repetiam foneticamente sem entender seu sentido. Mas os galileus do século I são irredutíveis. Recusam-se a falar a língua dos estrangeiros, principalmente do invasor romano. Esses zelotes negam-se a comerciar com os romanos ou a receber sua moeda cunhada com a efígie de um César divinizado. Blasfêmia insuportável, como pode ser também uma língua idólatra. O hebraico é para eles uma língua sagrada, a das preces e dos ritos funerários, e também a muralha divina contra o ocupante.

Jesus, qualificado de "Galileu", inscreve-se nessa lógica de resistência. Se a língua natal só pode ser o hebraico, Ele certamente falava a língua veicular que o aramaico representa. Essa língua semítica originária da região sírio-mesopotâmica sobreviveu ao povo de Aram. Como aconteceu no caso da língua grega que se impôs ao vencedor romano, a aramaica se impôs através da região ao seu povo dizimado, sob a pressão do Império Assírio, no século VIII a.C.

O aramaico, portanto, não é uma língua estática, é uma língua diversificada em vários dialetos conforme os períodos e as regiões. Jesus devia falar um judaico-aramaico próximo do dialeto utilizado na redação dos livros bíblicos de Daniel e de Esdras. Na verdade, devia exprimir-se, conforme o perfil de seu público, em hebraico ou em judaico-aramaico.

No século II, a Mishná, que registra a tradição oral do judaísmo, é redigida em hebraico. Se os evangelhos, estabelecidos no mesmo período, nos chegaram em grego, esses primeiros textos do cristianismo dirigem-se antes às comunidades judaicas através do Império Romano; portanto, num primeiro momento, devem ter sido escritos em hebraico e/ou judaico-aramaico. Em seguida, dirigiram-se aos não judeus e foram adaptados a seu público para serem compreendidos. O Evangelho de Mateus teria sido finalizado em Antioquia, na Síria; o Evangelho de Marcos, em Roma; o Evangelho de Lucas, em Acaia, na Grécia, e o Evangelho de João, em Éfeso.

Jerônimo de Estridão, entre 390 e 405, traduziu pela primeira vez a Bíblia judaica do hebraico para latim e o Novo Testamento, do grego para o latim.

O Abade Jean Carmignac[93], teólogo e especialista em hebraico qumraniano, tomará os textos em sentido inverso. Traduzindo os evangelhos do grego para o hebraico, mostrará que o grego utilizado não é um grego clássico, mas o resultado de uma tradução literal a partir do hebraico. As palavras do texto de Marcos estão na ordem prescrita pela gramática hebraica e muitas construções provêm dela. Os evangelhos de Marcos e de Mateus em grego seriam herdados, portanto, de sua versão original em hebraico. O Evangelho de Lucas teria sido objeto de uma passagem do hebraico para o grego por tradução visual literal, e não por transmissão oral[94].

Ireneu, Pai da Igreja e bispo de Lyon no século II, declara que "Mateus publicou entre os hebreus, na língua deles, uma forma escrita do Evangelho, na época em que Pedro e Paulo evangelizavam em Roma"[95]. Segundo o *Codex Bezae Cantabrigiensis* (manuscrito datado de 380 a 420), o Evangelho de Mateus relata o último lamento de Jesus na cruz, "Meu Deus, meu Deus, por que me abandonaste?", numa forma hebraica ("Éleï, Éleï, *lema sabacthaneï*" [27,46]). O Evangelho de Marcos retoma as mesmas palavras trágicas, mas impregnadas de um dialeto aramaico: "*Eloï, Eloï, lama sabacthaneï*" (15,34). Note-se que essa expressão faz referência ao Sl 22, originalmente redigido em hebraico, visto pelo cristianismo como o anúncio da Paixão de Cristo.

O Evangelho Segundo Marcos registra outras frases em judaico-aramaico. Quando Jesus toma a mão de uma menina morta para lhe devolver a vida, Ele diz: "*Talitha koum*", o que em aramaico significa "*Menina, levanta-te!*" (5,41). A expressão *Maranatha* para anunciar "o Senhor está chegando" é aramaica, assim como a palavra *abba*, que expressa uma forma afetuosa e possessiva de *ab*, "meu pai" ou "nosso pai", empregada pela primeira vez no Evangelho de Marcos (14,36) e pelo Apóstolo Paulo na Epístola aos Romanos e na Epístola aos Gálatas.

---

93. CARMIGNAC, J. *La Naissance des* évangiles *synoptiques* [O nascimento dos evangelhos sinóticos]. Xavier de Guibert, 2007.

94. Cf. entrevista do Abade Jean Carmignac ao Padre André Boulet. *Revue des Oeuvres et des Missions Marianistes*, n. 27, jul.-set./1976.

95. IRENEU. *Contra heresias*, III, 1, 1.

Hoje, certos termos utilizados na liturgia cristã são extraídos do hebraico. *Am*ém expressa ao mesmo tempo uma aprovação da palavra divina e um compromisso de seguir seus mandamentos. Citado 150 vezes na Bíblia, "amém", que também pode ser traduzido por "em verdade", provém do hebraico *emounah*, "fé", *amanah*, "confiança", e do verbo *aman*, que expressa a firmeza na duração. *Aleluia* vem do hebraico "louvai Javé", marca de júbilo formulada ao final da leitura de determinados salmos. A exclamação "Hosanna!", lançada à passagem de Jesus por ocasião de sua entrada em Jerusalém para a Festa de Ramos, é uma expressão hebraica de boas-vindas traduzida por "Por favor, salva-nos!"

Contraverdade n. 27
Jesus é um profeta muçulmano

Acaso a imitação não é a mais sincera forma de admiração? O lugar reservado a Jesus no Corão vai além do plágio espiritual. Não se trata nem de sincretismo cultural nem de recomposição religiosa, mas, ao mesmo tempo, de uma forma de inculturação planejada e de aculturação não recíprocas.

O Corão, texto sagrado do Islã para os muçulmanos, teria sido estabelecido pelo terceiro califa, Otman, cerca de 20 anos depois da morte do Profeta Maomé (632) e 600 anos depois do ministério de Jesus.

Contrariando os sinais de rejeição enviados por séculos de confronto, o pensamento do Islã expressa uma forma de fascínio pelo judaísmo e pelo cristianismo, tomando de empréstimo as figuras espirituais e históricas dessas religiões anteriores, o judaísmo em mais de dezessete séculos e o cristianismo em mais de seis séculos. Lévi-Strauss considerava o empréstimo de mitos próximos por um grupo humano como um fato indiscutível em torno do qual o mito oscila, até mesmo troca, para transformar seu fim em começo e seu começo em fim, invertendo o próprio teor da mensagem[96].

A inversão do tempo

O Corão inverte a cronologia dos textos anunciando: "Gente do Livro, por que discutis a respeito de Abraão se a Torá e o Evangelho

---

96. Cf. LÉVI-STRAUSS, C. *Histoire de lynx.* Plon, 1991, cap. V. [Ed. bras.: *História de lince.* São Paulo: Companhia das Letras, 1993.]

só 'desceram' depois dele?" (surata 3, versículos 65-67). Um anúncio que deixa de explicar que o Corão foi redigido dez séculos depois que o texto do Gênesis relatou pela primeira vez o destino de Abraão e sua família – o que ele desmente na surata 3, "A família de Imram". O versículo 67 proclama que Abraão não era "nem judeu nem cristão", mas um "verdadeiro crente" (ligado à fé de seus pais). A fim de contradizer os judeus ou os cristãos que vissem no Corão uma emanação de suas próprias crenças, o versículo 78 adverte que "suas invenções são estranhas ao Livro". Esses fenômenos difusionistas estabelecendo o mito como valor de um modelo fora do tempo não são exclusividade do Islã, pois embora os povos da Bíblia se opusessem às mitologias de seus vizinhos idólatras assírios, babilônios ou egípcios, o Novo Testamento é apresentado como conclusão da Torá de Israel, transformando o cristianismo nascente em novo ponto de partida da sociedade judaica, depois mais amplamente da sociedade humana em seu conjunto.

No mundo muçulmano em construção, as populações pré-islâmicas, pagãs, judias e cristãs se encontram, especialmente ao longo das vias de comércio, e partilham suas experiências espirituais. Ao sabor das conversas, as figuras bíblicas se introduzem na tradição de um Islã em formação. Por volta dos séculos VII e VIII desenvolvem-se no *corpus* do Islã narrativas bíblicas que põem em cena Adão, Noé, Abraão, Jonas, Moisés, libertador dos hebreus e legislador do judaísmo. Também aparece Isaías que, no século VIII a.C., teria profetizado, de acordo com o cristianismo, o nascimento miraculoso de Jesus de mãe virgem. Até mesmo Esdras é invocado pela fé muçulmana nascente: profeta, no século V a.C., do retorno a Jerusalém dos judeus exilados na Babilônia, ele reorganizou o culto do judaísmo em torno do segundo Templo de Jerusalém. O Islã reconhece também Zacarias, por sua devoção e sua paternidade miraculosa, e seu filho João Batista por seu ascetismo e pela devoção de suas orações às margens do Jordão[97]. Marca de fervor à mensagem bíblica, que se estende naturalmente aos atores principais do cristianismo ambiente, Maria e Jesus.

---

97. Corão 19, 1-15, "Maryam" ("Maria").

Jesus anuncia Maomé

Jesus, filho de Maria, é considerado no Corão um dos maiores profetas do Islã. Enquanto nele o nome de Maomé é citado apenas cinco vezes, Jesus é mencionado, em dez suratas, vinte e sete vezes por seu nome, "Jesus" ou "Isa" em árabe e onze vezes como *al- -Masîh*, "o Messias" – título no entanto sem conotação messiânica. Jesus também é evocado pelo termo *nabi* (profeta), *abd Allah* (servo de Deus), *ibn Maryam* (filho de Maria), depois citado por suas qualidades: *min al-muqarrabîn* (entre os próximos de Alá), *wajîh* (digno de consideração), *mubârak* (abençoado) ou ainda *qawl al-haqq* (palavra de verdade).

Um hádice citado no século IX por Al-Bukhari, um dos mais respeitados comentadores do Corão, explica: "Não há um só filho de Adão que nasça sem que um demônio o toque no momento de seu nascimento. Aquele que o demônio toca, assim, dá um grito. Só houve exceção para Maria e seu filho"[98].

Jesus aparece no Islã como um modelo moral de piedade e de ascetismo. Cerca de 85 textos da literatura pietista o consideram o santo da renúncia às tentações do mundo material. Sua empatia pelos mais pobres, sua consciência da existência de uma vida após a morte, sua humildade, o designam como um guardião exemplar da piedade. Mas seu "temor a Deus", que faz dele um homem como os outros, é uma negação de sua divindade, incompatível com o Jesus do cristianismo.

Conservar o personagem Jesus e deslegitimar os cristãos

O filho de Maria parece gozar de um *status* particular no Corão, no entanto sem aparecer como único e insubstituível. Um ser de carne e sangue, que não tem nenhum poder sobre a vida e a morte, "o Messias, filho de Maria, não é mais do que um mensageiro", lembra o versículo 75 da surata 5, "outros profetas passaram antes dele",

---

98. AL-BUKHARI. *Les Traditions islamiques* [As tradições islâmicas]. Maisonneuve, 1984, tomo II, livro 60, cap. 44.

Jesus não encarna a "Boa-nova", mas ilustra um elemento da mensagem do Profeta Maomé em companhia de outras figuras bíblicas, como Jó, Moisés ou João Batista, cada um portador de uma parcela de verdade, não da Verdade toda.

O personagem de Jesus, muito popular na região, poderia ter se revelado como o único concorrente fiável da mensagem de Maomé. Sua influência poderia ter fragilizado o próprio conceito de um monoteísmo islâmico. Mas, levadas por essa nova identidade religiosa, as populações árabes lançadas ao assalto dos territórios do Império Romano controlam, no fim do século VII, Alexandria, Jerusalém, Antioquia, sedes dos patriarcas da Igreja cristã, depois o Magreb, a Síria, a Pérsia e a Mesopotâmia. Portanto, para o fortalecimento do Islã, valia mais introduzir Jesus no Corão e lhe conferir um papel na revelação de Maomé do que correr o risco de sua rivalidade espiritual. Excluir Jesus do mundo muçulmano o teria cristalizado como primeiro adversário espiritual do Islã nascente. Mantê-lo o mais próximo da mensagem corânica era, sem dúvida, a estratégia mais eficaz para neutralizá-lo. Entretanto, oferecer uma visão da natureza de Cristo idêntica à da Igreja de Roma teria fixado o Islã sob uma forma de autoridade espiritual do papa. Manter a natureza de Cristo dentro do espírito da mensagem corânica era sem dúvida a estratégia mais eficaz para neutralizar a concorrência de Jesus e, ao mesmo tempo, atiçar a querela teológico-política que então dividia o mundo cristão.

O empréstimo de heróis bíblicos tem a função de dar uma legitimidade ao texto novo do Islã. Não se trata de coexistência, mas de complementaridade. Segundo o Corão, a Torá e evangelhos cristãos são textos falsificados, plágios da mensagem divina – um procedimento equivalente às acusações feitas contra os judeus pelos Pais da Igreja, que lhes imputavam terem desnaturado os textos sagrados. No entanto, na verdade foram os redatores do Corão que manipularam textos bíblicos milenares para integrá-los a sua própria mitologia.

Os versículos do Corão não descrevem o Jesus canônico do cristianismo, mas um Jesus "apócrifo", desprovido de sua essência divina. O debate teológico dividirá sunitas e xiitas quanto ao *status*

134

inferior ou superior de Jesus e a seu lugar com relação ao *Mahdi*, messias do Islã, salvador esperado no fim dos tempos. De fato, o Jesus corânico é oposto aos dogmas da comunidade cristã. O Corão é supostamente o salvador dos cristãos que corromperam sua palavra – ele que foi criado por Alá da terra, como Adão antes dele. Sua crucifixão é desmentida. A ressurreição, portanto, não pode ter acontecido. Enfim, a Trindade aparece no Corão como uma forma de politeísmo: "Não digais 'três', Deus é único", adverte o versículo 171 da surata 4. "Os que dizem que Deus é o terceiro de três são ímpios", adverte o versículo 73 da surata 5. Segundo o Corão, Jesus, elevado até Alá, será purificado das fábulas dos cristãos a seu respeito e libertado da incredulidade dos filhos de Israel. Uma estratégia político-religiosa que permite ao Islã admitir Jesus, excluindo os cristãos do destino corânico.

Contraverdade n. 28

Uma mulher travestida de homem foi eleita papa

Habet duos testiculos et bene pendentes (ele tem dois testículos e bem pendentes). Essa frase latina viria confirmar a virilidade do papa, uma verificação lendária que se tornou indispensável desde que uma mulher teria ocupado o trono de São Pedro.

A história dessa mulher que se tornou papa abalou o mundo cristão entre os séculos XIII e XIV. Trata-se, decerto, de um dos mistérios mais espantosos da Igreja. Entre equívocos, testemunhos diretos e múltiplas narrativas medievais, o destino de Joana (também chamada Inês) representa uma transgressão importante na cúpula da Igreja, que transtornará a própria organização do Ocidente.

Verdadeiro fenômeno religioso, esse equívoco inscreve-se na Idade Média tardia, que conhece, ao mesmo tempo, fome, epidemias de peste e pequena era glacial. Reúnem-se as condições para temer o advento do anticristo. A religiosidade se reforça, os flageladores aparecem e, inevitavelmente, os judeus – bodes expiatórios das grandes catástrofes – são perseguidos.

Muitos textos relatam nesse período o destino de mulheres que se vestem de homem para serem aceitas nos mosteiros, onde às vezes fazem longa carreira sob aparência masculina. A história da mulher que quis ser papa se difunde entre 1250 e 1550. Mas é por volta de 850 que se situa a existência de uma mulher de Mainz, de origem inglesa, que se teria travestido de homem a fim de seguir seu amante nos estudos (então reservados ao sexo masculino). Joana/Inês se sai brilhantemente em seus estudos em Atenas, depois em Roma, a ponto de suscitar a admiração de seus "pares" e de ser admitida no Vaticano na cúria romana (órgão que trata dos assuntos da Igreja em seu conjunto). Eleita papa, ela reinará por 2 anos, mas, não tendo renunciado aos prazeres da carne, engravida e morre ao dar à luz numa procissão entre São Pedro do Vaticano e São João de Latrão. Castigo ou transfiguração, uma questão permanece em suspenso: O que foi feito do filho de Joana/Inês?

Assimilada por alguns (especialmente os luteranos) ao anticristo, a mulher que dissimulou seu sexo para ser papa tomou então o lugar do legítimo soberano pontífice esperado. Antipapa, pela mesma razão que o demônio que substituísse Jesus Cristo, Joana/Inês – imagem do antimessias bíblico cuja chegada precede o fim do mundo – inscreve-se num período de contradições dogmáticas e de conflitos no Vaticano entre humanistas romanos e poder pontifical, expondo o *status* das mulheres segundo a Igreja de Roma, o Direito Canônico e a obsessão sexual da Igreja medieval.

Uma mulher papa! De Rabelais a Stendhal, o escândalo suscitará numerosas crônicas. A eleição divina poderia ser um embuste? Papisa, profetisa ou anticristo?

Hoje continua se colocando a questão da pedra angular da Igreja de Roma, a do lugar das mulheres no exercício do culto. Haverá algum dia sacerdotisas nas Igrejas católicas? Quando veremos mulheres bispas, como acontece na Igreja Anglicana?

"Não permito que a mulher ensine ou exerça autoridade sobre o homem, mas permaneça em silêncio" (1Tm 2,12), recomenda São Paulo, apóstolo que nunca conheceu Jesus quando vivo, a seu discípulo Timóteo de Éfeso. O papel intenso de Maria de Magdala na elaboração e na difusão da mensagem cristã coloca, no entanto, a questão do sacerdócio das mulheres muito antes de o Direito Canônico de 1983 as excluir sumariamente: "Só um homem batizado recebe validamente a ordenação sagrada"[99].

---

99. *Codex Iuris Canonici*, 1983, Can. 1024.

Ambrósio de Milão deduz que a mulher, pela fraqueza de seu sexo, tem muito pouca constância para pregar... "É aos homens que é entregue a função de evangelizar"[100].

Em 494, o Papa Gelásio I dirige uma carta aos bispos da Itália do Sul, lamentando que a Igreja tenha decaído tanto a ponto de admitir mulheres no *sacris altaribus ministrare*. Uma prática, no entanto, mais difundida do que se imagina, sendo o sacerdócio feminino atestado na Dalmácia, em Salona, em Hipona – cidade de Santo Agostinho, na atual Argélia –, na Trácia, em Poitiers, e também em Roma. No século II, os movimentos cristãos marcionista e montanista consideram, de fato, que as mulheres têm o direito de ensinar, de realizar batismos e exorcismos. No século V, a existência de mulheres "padres" é atestada[101], mas esse avanço será extinto no século VI. Na verdade, nas Igrejas as mulheres são muito mais numerosas do que os homens. Muitas são chefes de comunidade e as diaconisas se multiplicam. Mas elas não são autorizadas a se aproximar do altar, a falar durante os ofícios ou a pregar.

Em 1140, o *Decreto* de Graciano inscreve a inferioridade das mulheres no Direito Canônico. Em 1234, suas regras entram na lei da Igreja, o *Codex Iuris Canonici*. As mulheres, fracas de espírito por natureza, não podem ensinar nas Igrejas, batizar, ser diáconos ou padres. O patriarcado, então, terá vencido aquelas mulheres padres do início do cristianismo. Desde meados do século XIII, a sombra de Santo Tomás de Aquino paira sobre todos os espíritos. "Uma mulher é um ser deficiente cujo nascimento foi provocado sem querer", ele explica. Segundo ele, é preciso preencher duas condições para obter a ordenação sacerdotal: ter recebido o batismo e ser do sexo masculino.

É certo que em 1969 o Papa Paulo VI livra Maria de Magdala do cunho de penitente para acolhê-la como discípula, mas ainda hoje a resistência patriarcal parece inabalável. 25 anos depois, o Papa João

---

100. *Traité sur l'Évangile de saint Luc* [Tratado sobre o Evangelho de São Lucas], 2, XXIV: "Apparitions aux apôtres" [Aparições para os apóstolos], p. 33-49.

101. Cf. FEISSEL, D. *Notes d'épigraphie chrétienne* [Notas de epigrafia cristã], II, BCH, 101, 1977, p. 210-212.

Paulo II lembra energicamente a antiguidade dessa discriminação: "A ordenação sacerdotal, pela qual é transmitido o encargo, confiado por Cristo a seus apóstolos, de ensinar, santificar e governar os fiéis, sempre foi, na Igreja Católica, desde a origem, exclusivamente reservada aos homens"[102].

Reforçando a exclusão das mulheres do sacerdócio, ele acrescenta que "já não há razão para voltar à questão". Bento XVI, por sua vez, contesta que "a mulher, para ser ela mesma, erige-se em rival do homem. Aos abusos de poder, ela responde por uma estratégia de busca de poder"[103]. A ameaça arcaica de desaparecimento do masculino em caso de igualdade do feminino persiste! Rival e não igual! As mulheres, então, fomentariam um golpe de Estado contra os homens! Eis o que poderá alimentar por mais algum tempo o celibato dos padres como ato de resistência à confusão dos sexos. É certo que o Papa Francisco, em sua Exortação Apostólica *Evangelii Gaudium* (A alegria do Evangelho), convida a refletir sobre "o papel possível da mulher ao se tomarem decisões importantes, nos diversos meios da Igreja", mas lembra imediatamente que o "sacerdócio reservado aos homens [...] não se discute".

A sujeição do feminino continua sendo uma injustiça, seja qual for a religião!

---

102. JOÃO PAULO II. Carta Apostólica *Ordinatio Sacerdotalis*, 22/05/1994.

103. BENTO XVI. *Lumière du monde, le pape, l'Église et les signes des temps* [Luz do mundo, o papa, a Igreja e os sinais dos tempos]. Entrevista a Peter Seewald. Bayard, 2011.

Contraverdade n. 29
Há uma história de amor homossexual no âmago de um evangelho

Em detrimento dos Pais da Igreja, um texto cristão descreve o amor ambíguo que brota entre Jesus e um jovem que Ele acaba de ressuscitar.

O *Evangelho secreto de Marcos* relata um encontro surpreendente entre Jesus e um rapaz, que ainda hoje suscita debates inflamados. Na verdade, não temos nenhum vestígio desse escrito apócrifo, a não ser uma carta atribuída a Clemente de Alexandria descoberta em 1958 na biblioteca do mosteiro de Mar Saba, no Deserto da Judeia, a sudeste de Jerusalém.

Os apóstolos caminham alguns passos atrás de Jesus, quando uma silhueta os empurra e se precipita ao encontro de seu mestre. "Filho de Davi! Tem piedade de mim!", suplica uma moça aos prantos. Ela se ajoelha e pede ao Nazareno que venha em seu socorro. "Perdi meu irmão! A morte o levou", ela explica. Jesus a toma pelo braço e se afasta com ela: "O que posso fazer por ti?" A moça só espera uma coisa, que Ele vá com ela até o jardim ali perto onde fica o túmulo do irmão. "Só tu podes salvá-lo!", ela implora, apontando para o túmulo. Jesus se aproxima. "O príncipe da morte está segurando seu irmão", Jesus confirma. "Ele espera impedir que eu liberte sua presa. Mas não vai conseguir." Jesus faz rolar a lápide, depois se esgueira para dentro do túmulo. Tira o pano que envolve o rapaz e segura-lhe a mão gelada. Ao contato da carne, o rosto do jovem retoma a cor. Ele se ergue subitamente e, sem soltar a mão quente de Jesus, senta-se à beira do leito. Com os sentimentos em ebulição, é invadido por uma emoção irresistível. "Eu te amo", ele declara, levantando-se de um salto. Com gesto amplo, desvencilha-se de sua mortalha. Agora vivo, posta-se ali, em pé e nu diante de Jesus. "Eu te suplico, não me deixes mais", ele insiste, apertando as mãos de seu salvador.

O jovem tem por Jesus um sentimento de amor que jamais conhecera antes de sua ressurreição. O mesmo amor que em outros tempos Jônatas sentira pelo jovem Davi. O sobrevivente insiste em que Jesus fique com ele na casa de sua família. Abandonando os discípulos à própria sorte, acompanhado pela irmã, Jesus segue o rapaz até sua casa. Durante seis dias, ensina-lhe os segredos do universo. No sétimo dia, ordena ao rapaz que se junte a Ele, com o corpo nu sob uma simples túnica. A noite toda juntos, frente a frente, alma a alma, num corpo a corpo espiritual, Jesus lhe transmite os mistérios do reino celeste. A irmã e a mãe do jovem mantêm-se todo esse tempo à porta do quarto. Elas batem, querem entrar, chocadas com a promiscuidade flagrante entre os dois homens. Mas Jesus não as recebe. "O que podem estar fazendo dois homens nus fechados num quarto?", elas se lamentam. As relações íntimas entre homens são desonrosas. A lei é categórica: "Não te deitarás com um homem como se deita com uma mulher". Se a homossexualidade parece condenada pela lei de Moisés, ela é assumida como um ato de iniciação por cristãos de Alexandria. No dia seguinte, terminada a iniciação secreta do rapaz, Jesus deixa a casa e volta para junto de seus discípulos[104].

É possível que essa cena, contada pela primeira perícope do Evangelho secreto de Marcos, seja um texto de iniciação batismal ligado a uma tradição litúrgica própria da Igreja do Egito. A nudez do jovem simbolizaria então a de um ser luminoso que deixou seu corpo. As roupas, assim como a carne, são compatíveis com o desgaste do

---

104. Cf. BANON, P. *Jésus – La Biographie non autorisée* [Jesus, a biografia não autorizada]. Michel Lafon, 2013.

tempo. A ausência de roupa íntima, tal como a de invólucro carnal, indica o acesso do jovem morto à vida eterna. O abraço que une o jovem a Jesus é o de um sopro vivo que respira com a alma mundana. Não há sexualidade no outro mundo... mas, aqui e agora, o jovem e Jesus encontram-se ainda no mundo terreno.

A suspeita de uma relação homossexual iniciática acompanha esse texto. Obedecendo a uma doutrina esotérica do Reino de Deus, Jesus aparece, à imagem do hierofante, sumo sacerdote dos mistérios de Elêusis, como o Iniciador, e o jovem nu e ressuscitado, como o mista, o iniciado, que para ser admitido no interior do templo deve antes se submeter à prova ritual de uma morte simbólica. Carpócrates, filósofo do século II que conciliava o ensinamento de Platão com o de Jesus, teria obtido esse texto e o teria integrado à liturgia do movimento cristão de Alexandria qualificado de "gnóstico libertino". Os carpocracianos consideram Jesus um homem comum, que não é o "Salvador", mas simplesmente o filho de José. Essa escola sugere que Jesus teria tido relações homossexuais e atribui um caráter homossexual a esse texto iniciático. Clemente de Alexandria, horrorizado, rejeitará essa interpretação "blasfematória e carnal", convindo, entretanto, que aquele jovem amava Jesus e que Jesus também o amava. No século II, Ireneu de Lyon descreverá os carpocracianos como "pessoas que vivem na devassidão e professam doutrinas ímpias, servindo-se do Nome como de um véu com que cobrem sua malícia"[105].

Os ritos de uns são os pecados dos outros! Seja qual for a leitura escolhida, esse texto de espiritualidade tórrida coloca a questão da homossexualidade no pensamento cristão.

---

105. SAINT IRÉNÉE. *Contre les hérésies*, I, 25. Op. cit.

EQUÍVOCOS SOBRE O ISLÃ

Contraverdade n. 30
Todos os muçulmanos
são árabes

O argumento mais simples a opor a essa contraverdade é que o Islã tem cerca de 1,6 bilhão de fiéis, ao passo que o mundo árabe, definido pelo compartilhamento da língua árabe e do Islã, corresponde, de acordo com a Liga Árabe, a 22 estados que reúnem 378 milhões de indivíduos, ou seja, 20% das pessoas de confissão muçulmana no mundo, das quais 40 milhões na Argélia, 34 milhões no Marrocos, 12 milhões na Tunísia, 7 milhões na Líbia e 4 milhões na Mauritânia.

Note-se, no entanto, que na África do Norte a população berbere – os imazighen, ou "homens livres", não árabes, mas arabófonos e de confissão muçulmana – representa 20-25% da população argelina e 35-40% da população marroquina. Um dos maiores heróis da história árabe-muçulmana, o famoso Salah al-Din Yusuf al-Ayyubi, mais conhecido pelo nome de Saladino (1137-1193), que retomou Jerusalém dos cruzados em 1187 e pôs fim à divisão do mundo muçulmano abatendo o califado xiita do Egito, não era árabe mas, sim, da dinastia aiúbida curda, nascido em Tikrit, no Curdistão.

Cerca de 62% da população muçulmana mundial, ou seja, 987 milhões de fiéis, são asiáticos: iranianos, afegãos, paquistaneses, indianos, malasianos, indonésios, bengaleses, chineses, filipinos e também uzbeques, turcomenos, quirquizes, cazaques.

Cerca de 178 milhões de muçulmanos vivem na Índia – minoria que representa na população aproximadamente 15% de fiéis, mas o país deveria ser o primeiro país muçulmano do mundo em 2050 com 310 milhões de pessoas – e no Paquistão; a Indonésia é o primeiro Estado muçulmano do planeta, com mais de 160 milhões de fiéis. Mais de 300 milhões de africanos não árabes formam a terceira comunidade muçulmana da Terra: nigerianos, malineses, senegaleses, somalis, quenianos, tanzanianos, malgaxes e comorianos. O cristianismo, que chegou ao continente há dois séculos, tem nele 280 milhões de fiéis. Quanto ao Islã europeu não árabe, ele provém principalmente dos Bálcãs, da Turquia (99% de muçulmanos em 80 milhões de habitantes, turcos e curdos)[106] e da Europa Ocidental[107].

Em 2050, o Islã deveria continuar amplamente minoritário na Europa, com 10% da população, e representar apenas 2% dos americanos.

---

106. PEW FORUM ON RELIGIOUS & PUBLIC LIFE. *The Future of the Global Muslim Population – Projections for 2010-2030* [O futuro da população muçulmana global – Projeções para 2010-2030].

107. PEW RESEARCH CENTER. Relatório 2015.

Contraverdade n. 31

O Corão foi escrito por Maomé

Segundo a tradição muçulmana, foi durante a Noite do Destino, *Laylat al-Qadr*, situada nos dez últimos dias do mês de Ramadã, que ocorreram a revelação e, depois, a descida do Corão sobre Maomé. O texto teria sido ditado ao profeta palavra por palavra por intermédio do Arcanjo Gabriel. Portanto, ele não é apenas inspirado. Segundo a teologia muçulmana, influenciada pela doutrina cristã de "Verbo encarnado" (1Jo 1,2), o Corão seria "eterno e incriado", dogma aceito pela maioria dos muçulmanos, trazido pela escola teológica majoritária dos axaritas do século X.

Esse dogma considera herege toda reforma profunda do texto. Sua tentativa de racionalização pelo movimento mutazilita será desfeita sem grande dificuldade pela corrente tradicionalista axarita no século X. Uma vitória de Pirro, que estabelece o texto no contexto da Arábia do século VIII, como que para resistir melhor à pressão cultural do judaísmo e do cristianismo do entorno.

A Noite do Destino inspira-se de fato na festa judaica de Shavuot, o Pentecostes, festa da colheita que ocorre no quinquagésimo dia depois da Páscoa (êxodo do Egito) para celebrar o dom da Torá (a Lei) e a oferenda do primeiro feixe de cevada. Os dez mandamentos revelados a Moisés no Sinai são considerados palavras divinas que expressam a vontade de Deus (Ex 34,28; Dt 4,13). No cristianismo, o Pentecostes, que também ocorre no quinquagésimo dia depois da Páscoa (ressurreição de Jesus), celebra a efusão do Espírito Santo sobre os apóstolos (At 2,22-41).

Alguns excertos do Corão foram descobertos em papiros e pergaminhos datados do século VIII, mas até hoje nenhum manuscrito autógrafo do Profeta Maomé foi exumado. Não existe, portanto, resposta clara e sem ambiguidade à questão das circunstâncias da redação do Corão nem de seu ou seus autores, nem mesmo de sua codificação. Embora os axaritas defendam o dogma de um Corão incriado, ou seja, de uma palavra revelada que emana de Deus e volta para Deus, eles consideram, ao mesmo tempo, a palavra divina como "criada" em sua expressão terrena através de um livro[108]. Os mutazilitas, majoritários no século VIII, mas hoje amplamente minoritários no Islã e vivamente criticados pelo salafismo, afirmam, ao contrário, o conceito de um Corão criado, portanto alterável[109].

Entre 632 e 634, com o desaparecimento de Maomé, o primeiro califa, Abu Bakr, tenta reunir os versículos que só os companheiros do profeta ainda sabem de cor para constituir um livro de referência. Entre 634 e 644, Umar, o segundo califa, inicia um recenseamento dos versículos do Corão e já encontra os primeiros confrontos entre suas diferentes interpretações.

É Otman, terceiro califa do Islã (644-656), que empreende o estabelecimento do Corão, mais de 20 anos depois da morte de Maomé (632). Seu secretário, Sa'id ibn Thabit, teria retranscrito suas palavras, reunidas em 114 capítulos, sendo as suratas classificadas de acordo com seu tamanho e não por ordem cronológica. As mais curtas, colocadas no fim do livro, são as 90 suratas reveladas em Meca (610-622); as mais longas, as 24 suratas reveladas em Medina (622-632).

Essa primeira versão "oficial" do Corão, ou "Vulgata de Otman", apresentará verdadeiros desafios nas interpretações de um texto que não contém então nem sinais diacríticos nem símbolos de vogais. O trabalho progressivo de acréscimos se prolongará até o século IX, sem terminar a concorrência das interpretações nem a emergência de versões diferentes. Na ausência de manuscritos de Maomé em

---

108. Os axaritas provêm de um movimento religioso sunita fundado por Ali ibn Isma'il al-'Ash'ari (873-935), considerado descendente dos salafis (os devotos seguidores de Maomé).

109. Os mutazilitas pertencem a um movimento religioso do Islã surgido no século VIII, inspirado na filosofia grega e animado por uma doutrina racionalista.

pessoa ou de seus escribas, nenhuma ajuda racional vem esclarecer o texto.

De fato, o Corão, como outros textos inspirados pelo judaísmo ou pelo cristianismo, traz em seus versículos contradições inconciliáveis: ou ele é incriado, fora do tempo e do espaço – Verbo divino, perfeito quanto à forma e ao conteúdo, seria então inalterável –, ou foi redigido em circunstâncias sociais e culturais de um tempo e uma geografia. Demonstração disso poderia ser o versículo 106 da surata 2, que declara: "Não ab-rogamos um versículo nem o fazemos cair no esquecimento sem trazer um melhor ou análogo".

Mas alguns preferem ler através desse versículo o método a ser seguido para ab-rogar pelo Corão versículos da Bíblia e dos evangelhos, e não o cancelamento de versículos do próprio Corão. Como interpretar então os 500 versículos ditos "ab-rogados" e os 500 ditos "ab-rogante", que afinal constituem perto de um sexto do Corão? E particularmente este, igualmente cheio de contradições: "Não há imposição quanto à religião"[110].

Hoje, a edição egípcia do Corão de 1924 constitui a referência. Uma versão que se apoia numa das numerosas tradições autênticas de sua leitura. Não haveria, portanto, uma versão única nem uma leitura indiscutível. Isso é refutado pela escola hambalista, que já no século IX estima que, sendo Deus inacessível à razão humana, é preciso aplicar uma leitura literalista do Corão. No entanto, este revela dois estilos diferentes para cobrir dois períodos da vida do Profeta Maomé. O período de Meca, com suratas curtas e estilo poético, e o período de Medina, com suratas mais longas e estilo mais jurídico.

O estudo crítico do Corão esbarra no obstáculo de um "Corão eterno e incriado" que tende a impedir qualquer adaptação do texto. O dogma de um "Corão incriado" gera também uma outra contradição, o risco de antropomorfismo, e a do culto a um livro, uma forma de idolatria que, no entanto, todos os monoteísmos proíbem.

---

110. Surata 2, versículo 256.

Contraverdade n. 32
O Profeta Maomé foi para Jerusalém

Em 6 de dezembro de 2017, o presidente estadunidense Donald Trump decidiu aplicar o *Jerusalem Embassy Act*, adotado pelo Congresso dos Estados Unidos em 1995, reconhecendo Jerusalém como capital indivisível do Estado de Israel e chamando os Estados Unidos a mudarem sua embaixada de Tel Aviv para lá. Essa decisão, adiada de seis em seis meses por seus antecessores no salão oval, suscitou numerosos comentários e críticas. Entretanto, de acordo com uma votação da Unesco, o Monte do Templo em Jerusalém não pertence – ou não pertence mais – ao patrimônio do judaísmo.

Além disso, textos do Islã afirmam que a ligação dos muçulmanos com Jerusalém não começa com o Profeta Maomé, mas tem sua inspiração bem antes, nos heróis dos textos bíblicos. Assim, Adão, Noé, Abraão, Davi, Salomão, João Batista e Jesus são considerados pelo Corão "profetas do Islã". A cronologia interfere muito pouco nessa visão corânica dos textos bíblicos, tanto do judaísmo como do cristianismo. De fato, mais de um milênio separa a redação dos primeiros escritos do judaísmo e a do Corão, e perto de sete séculos, o aparecimento de Jesus e o de Maomé.

Como é possível inverter assim o curso do tempo e fazer do passado do judaísmo o presente do Islã? As principais figuras do judaísmo e do cristianismo, portanto, teriam sido protomuçulmanos sem o saber, e Jerusalém, uma cidade particular no coração e na alma dos muçulmanos, antes mesmo da edificação da Esplanada das Mesquitas, *Haram al-Charif*, considerada, com a Mesquita Al-Aqsa e a Cúpula do Rochedo, o terceiro lugar santo do Islã, depois de Meca e Medina.

No entanto, o profeta nunca permaneceu em Jerusalém e só a sobrevoou em sonho. O Corão, com efeito, nunca menciona a cidade sagrada, a não ser em notas de rodapé de páginas traduzidas da surata 17, "A viagem noturna"[111].

Essa surata conta o sonho misterioso do Profeta Maomé. Enquanto está dormindo na Mesquita de Meca, perto da Caaba, Maomé, guiado pelo Arcanjo Gabriel, monta um cavalo chamado Buraq para voar até a "mesquita muito distante", tradicionalmente identificada ou como o paraíso ou como o Templo de Jerusalém. Versões tardias do Corão substituem "mesquita muito distante" por "Mesquita de Umar" – nome do segundo califa que conquistará Jerusalém em 638, ou seja, 6 anos após a morte do profeta do Islã – ou ainda por "Mesquita Al-Aqsa", erigida no século VII no local do Templo de Jerusalém. "Mesquita de Umar" é uma denominação exclusivamente francesa e vaga, pois, segundo as regras do Islã, não é possível tratar-se de uma mesquita, mas de um santuário chamado em árabe de *Qubbat As-Sakhrah*, "Cúpula do Rochedo". Abd al-Malik, primeiro califa dos omíadas, só edificará a Cúpula do Rochedo (ou Mesquita de Umar) no local do templo entre 691 e 692.

Nem a mesquita nem o Santuário do Rochedo estavam construídos no tempo de Maomé. Portanto, ele não poderia ter iniciado sua ascensão maravilhosa para o sétimo céu a partir desse lugar. Há quem afirme que a "Mesquita Al-Aqsa" mencionada no Corão não pode designar a de Jerusalém, mas uma mesquita situada perto de Meca.

---

111. Essa "viagem noturna" ecoa a "viagem celeste" descrita no *Testamento de Abraão*, texto apócrifo do judaísmo egípcio do século II, que foi traduzido para várias línguas, entre elas árabe e etíope, por volta do século IV. O chefe dos exércitos celestes, Mikaël, conduz o patriarca Abraão através dos céus, ao éter do céu, de onde ele vê a Terra e o castigo dos pecadores, depois o leva para o Oriente, até a primeira porta do céu, onde ele encontra Adão, e finalmente ao outro lado da Grande Porta, onde Abel preside o Tribunal celeste. Cf. Le Testament d'Abraham. *La Bible* – Écrits intertestamentaires [O Testamento de Abraão. A Bíblia – Escritos intertestamentários]. Gallimard, 1987.

Apesar dessas incoerências, a tradição do Islã continua a identificar essa "viagem noturna" miraculosa com a cidade de Jerusalém. Talvez porque, impregnado pelo pensamento do judaísmo, durante os dezessete primeiros meses de sua Revelação, Maomé rezasse voltado na direção de Jerusalém. Entretanto, ao longo do segundo ano da hégira, em torno de 11 de fevereiro de 624, ele rompe com as tribos judias de Medina, que não o reconhecem como profeta, e orienta suas preces não mais na direção de Jerusalém, mas na da Pedra Preta abrigada dentro da Caaba em Meca – ao passo que a tradução situa a "noite da Ascensão" em 27 *rajab* do ano 2 antes da hégira, ou seja, em torno do ano 620 d.C.

Note-se também que as inscrições corânicas que formam um mosaico de 240 metros de comprimento dentro da Cúpula do Rochedo não incluem o primeiro versículo da surata 17 que relata a "viagem noturna"[112]. Isso sugere que em 692 Jerusalém ainda não era identificada como o lugar de partida da ascensão de Maomé. Além disso, embora Jerusalém apareça 699 vezes na Bíblia hebraica e o *corpus* cristão a mencione 154 vezes, ela nunca aparece no Corão. Só a partir do século XI Jerusalém será admitida como etapa sagrada da "viagem celeste" do profeta do Islã – isto é, no contexto da primeira cruzada – quando Jerusalém é conquistada pelos cristãos em 1099.

---

112. PIPES, D. L'avenir de Jérusalem [O futuro de Jerusalém]. *Controverses – Revue d'Idées*, n. 17, jun./2011, p. 96.

Contraverdade n. 33

O Islã proíbe representar Maomé

Contrariando as ideias prontas, no Corão não há nenhum texto proibindo a representação do Profeta Maomé ou de qualquer outro personagem do Islã. Trata-se de um equívoco que afirma que o homem seria incapaz de fazer uma representação fiel de profetas, ou seja, Adão, Noé, Abraão, Moisés ou Maomé. É também uma questão de respeito, dizem, para não imitarmos o Criador e não mutilarmos a perfeição de sua criação realizando, nós, imagens de seres vivos, humanos ou animais. Restam as circunvoluções de interpretações teológicas contemporâneas para, mesmo assim, aceitar o cinema, os desenhos animados e os software, Photoshop e outras ilustrações.

O que realmente é condenado pelo monoteísmo, quer se trate do judaísmo ou do Islã, é a idolatria. "Não farás para ti ídolos, nem figura alguma do que existe em cima, nos céus, nem embaixo, na terra, nem do que existe nas águas, debaixo da terra" (Ex 20,4), decreta o Antigo Testamento. "Os ídolos são abominações. Absten-de-vos deles!"[113] retoma o Corão. A divindade bíblica ou corânica é única e invisível, não tem representante na Terra e não delega seus poderes a nenhum intermediário. Seu culto é o da ausência.

Embora muitos fiéis do Islã tenham a convicção de que a representação da figura humana é proibida pelo Corão e, *a fortiori*, a de Maomé, o profeta do Islã na verdade foi muito representado através dos séculos! E, se não há texto inspirado que proíba figurá-lo, há muitas provas do contrário.

---

113. Corão 5,90.

Enquanto os primeiros califas do Islã ornamentavam seus palácios com cenas de caça e às vezes de mulheres nuas, a Suna, constituída pelo conjunto dos hádices considerados autênticos pelos eruditos dos primeiros séculos do Islã, não é muito loquaz a respeito da questão da representação do profeta. É fato que há uma discreta tomada de consciência da incapacidade humana para representar Deus e da desconfiança para com fabricantes de imagens que se comparariam assim ao poder de seu Criador. Então, a xaria mostra-se reticente quanto à criação e à utilização de imagens de seres vivos, humanos ou animais. Mas não há interdição específica à de Maomé!

As representações do profeta, aliás, estão muito em voga no século XIII, sem que isso suscite *fatwa*. Um manuscrito de 1307 conservado na biblioteca da Universidade de Edimburgo, a *Cronologia das antigas nações* de Al-Biruni, filósofo persa do século X, contém representações de vários profetas, entre os quais Maomé.

Um manuscrito realizado em Tabriz no século XIV, *A história universal* do persa Rachid al-Din, ilustra o encontro de Maomé com o Anjo Gabriel. Um manuscrito produzido em Herate no século XV representa a cena muito popular da "ascensão celeste", o *mi'raj*, de Maomé atravessando os sete céus no dorso de um cavalo alado com cabeça de mulher, no momento de seu encontro com um anjo com aparência de galo. São motivos de blasfêmia, mas nada de *fatwa*!

Um manuscrito otomano do século XVI é ilustrado por Maomé entrando em Meca, com o rosto aureolado de chamas – prática em voga a partir do século XVI, que decerto não é uma maneira de esconder seu rosto, mas de expressar sua "luz profética", uma iluminação equivalente às auréolas do cristianismo.

No século XIX, uma miniatura de Caxemira mostra o profeta destruindo os ídolos da Caaba[114]. Outra o representa em companhia dos quatro primeiros califas. É um período em que abundam também no Irã os retratos de imames.

---

114. BIBLIOTECA NACIONAL DA FRANÇA. *Manuscritos orientais*, suplemento persa 1030, fol. 306.

Portanto, nada vem proibir formalmente a representação de Maomé, há apenas o fato de que a escrita assumirá o valor simbólico por sua capacidade de transmitir a palavra divina. Sendo qualquer concepção antropomórfica de Deus estranha ao pensamento monoteísta, é a caligrafia que, a partir do século VIII, investirá na arte islâmica, ornamentando os primeiros corões, as obras religiosas e as primeiras grandes mesquitas. Árvores e letras substituem as representações humanas. Entretanto, no âmbito profano, um século depois reaparecem as representações de animais e de seres humanos. Na Jordânia, os afrescos da sala das termas do palácio de Qusayr'Amra, edificado sob o reinado do Califa Omeyyade al-Walid II (743-744), mostram cenas de caça e de mulheres nuas e de formas exuberantes. A proibição de representações figuradas só se aplica ao espaço religioso e não à esfera profana.

Hoje, uma coisa é certa: representar ou não o Profeta Maomé é uma questão interna do Islã, que só diz respeito a seus fiéis. Num território dividido por uma diversidade de crenças, as convicções de uns não podem impor-se aos outros. *A fortiori* numa república laica e pluralista como a França, em que a intrusão de uma moral que se pretenda superior à lei é inaceitável. A questão do lugar de um delito de blasfêmia numa sociedade secularizada e pluralista será de fato pertinente?

A questão da blasfêmia só diz respeito aos fiéis de uma religião

O termo grego *blasphêmos*, que designa o ato de violar o sagrado, aparece na literatura do judaísmo no século III a.C. através da Septuaginta.

Quatro séculos depois, o Evangelho de Marcos relata que Jesus cura um homem que tem a mão paralisada, ato inadequado a um dia de shabat. Uma transgressão vivida pelos fariseus como blasfêmia. Curar aquele homem pertenceria, assim, à ordem de um ato demoníaco e não divino. Isso não impede que o Evangelho de Mateus (12,31) explique que "as pessoas serão perdoadas por todo pecado e blasfêmia. Só não lhes será perdoada a blasfêmia contra o Espírito Santo". Na sociedade muçulmana, o conceito de blasfêmia aparece já na redação do Corão, cuja integridade deve ser preservada. A acusação de blasfêmia, delito de ultraje ao divino, diz respeito à relação com o sagrado, mas é antes de tudo um instrumento terreno de poder político.

Imaginar por um instante que uma pessoa na França possa ser acusada do delito de blasfêmia, uma vez que lá esse delito não é reconhecido, seria aceitar a ideia de que as leis religiosas podem ser superiores às leis da República, ultrapassando as fronteiras ao sabor de uma hipotética convicção religiosa. Foi o que aconteceu em 1989, quando o Aiatolá Khomeini reclamou o assassinato do escritor britânico Salman Rushdie por seu livro *Os versos satânicos*.

Um judeu pode negar a ressurreição de Jesus. Um protestante pode contestar a virgindade de Maria. Um muçulmano pode negar a divindade de Jesus e um cristão negar que Maomé tenha recebido do céu a revelação do Corão. Afirmações como essas estão ligadas à liberdade de consciência de cada um, não à blasfêmia. Entretanto, se um muçulmano nega a revelação divina do Corão ou um cristão a ressurreição de Jesus, ele poderia se ver acusado de apostasia aos olhos de sua própria religião, mas certamente não aos olhos da lei da República. O Islã, aliás, não fala em blasfêmia, mas de apostasia, ou seja, de renegação dos dogmas de sua própria religião em favor de outra religião ou do ateísmo.

O delito de blasfêmia não existe na França

A República francesa não reconhece blasfêmia, justamente porque ela se baseia na separação entre Igreja e Estado. Num Estado democrático, laico e pluralista como a França, nenhuma convicção religiosa pode ser imposta à pessoa. E nenhuma regulamentação religiosa pode ser imposta ao Estado. O direito penal francês não reconhece o delito de blasfêmia. A exceção cultural da Concordata presente na Alsácia-Mosela foi ab-rogada em 17 de outubro de 2016.

A última execução por blasfêmia na França ocorreu no século XVIII. Luís XIV, no entanto, ordenara em 1666 que a blasfêmia não fosse mais punida com a morte. Mas, um século depois, o jovem cavalheiro de La Barre, com apenas 19 anos de idade, será reconhecido culpado de impiedade, blasfêmia e "sacrilégios execráveis e abomináveis" pelo Tribunal de Abbeville. Acusado de ter passado perto de uma procissão religiosa sem tirar o chapéu nem se ajoelhar, de ter cantado uma canção ímpia e ter lido livros infames, entre os quais o *Dicionário filosófico* de Voltaire, o jovem será condenado a ter as pernas quebradas, a língua cortada e, depois, ser decapitado e queimado. Sua coragem evitará que lhe arranquem a língua, mas ele será decapitado, com um exemplar do livro de Voltaire pregado no peito. Em 1793, a Convenção reabilitará Jean-François de La Barre.

Depois do assassinato dos jornalistas do *Charlie Hebdo* em 7 de janeiro de 2015, quem reabilitará a liberdade de expressão? Não imaginemos que as vítimas daquela carnificina tenham com seu sacrifício salvado a liberdade de caricaturar as figuras religiosas. Ao contrário, sua legendária liberdade de expressão aos poucos se transforma em autocensura. A blasfêmia detém o poder mágico de afirmar-se como norma de referência e de insinuar os limites do que seria aceitável dizer ou fazer. Numa sociedade pluralista, esse sistema coercitivo pressiona a maioria a obedecer a regras sociais próprias de um grupo minoritário. Palavra por palavra, a noção de blasfêmia corrói a liberdade de expressão, reduz seu campo até a restringir a um enclave. A partir de então, alguns, acometidos de paralisia cultural, recorrem em nome dessa liberdade de expressão ao terrível "eu não sou Charlie". Como evitar então a acusação de conivência? Como conseguem calar o terrível sentimento de colaboração com o mal? O contrário de "eu sou Charlie" não deveria ser "eu não sou Charlie", pois o contrário de "eu sou um resistente" presume que o "eu não sou um resistente" defenda o direito à "colaboração". Os que não conseguem "ser Charlie" deveriam, portanto, dar prova de neutralidade e não de rejeição.

O complotismo é uma ideologia de pacotilha que acredita estar lutando contra o falso, mas, confundindo tudo, avança na contracorrente diretamente para o abismo. "E, quando ele escruta o fundo do abismo, por sua vez o abismo o escruta", alertava Friedrich Nietzsche, advertindo os que acreditavam lutar contra monstros que eles próprios corriam o risco de se tornar um desses monstros.

"Eu não sou Charlie" não é uma opinião, mas um sintoma, o da renúncia. A blasfêmia não se opõe, ela se afirma. Sob sua pressão, os valores se invertem. Em nome do respeito, toda crítica parece suspeita. Em nome da luta contra o racismo, todo comentário corre o risco de ser taxado de islamofobia. Em nome do pudor, toda libertação do corpo feminino torna-se provocação. O universalismo transforma-se em imperialismo e a laicidade, em discriminação. Em nome da blasfêmia, toda transgressão parece ofensiva, até mesmo injuriosa. A liberdade de expressão estaria então reservada a um punhado de privilegiados, ortodoxos, fundamentalistas e outros partidários da blasfêmia que teriam, só eles, a liberdade de criticar e de condenar o pensamento dos outros, obrigatoriamente culpados porque descrentes.

A blasfêmia é resistente

A última tentativa de sancionar penalmente a blasfêmia na França ocorreu em 1825, sob o reinado de Carlos X. O projeto de lei sobre o sacrilégio propunha cortar a mão do culpado, depois executá-lo por decapitação. Esse atentado à separação entre o poder temporal e o espiritual provocou protestos de parlamentares. A lei, no entanto, foi votada, mas nunca foi aplicada e caiu em desuso depois da revolução de 1830.

Vários estados europeus, que entretanto dão aulas de "direitos humanos" à França, mantêm o delito de blasfêmia em seu arsenal jurídico, como nos códigos penais alemão, austríaco e dinamarquês. A Finlândia condena a uma pena de prisão quem "blasfemar publicamente contra Deus". Disposições idênticas encontram-se nas legislações penais grega, irlandesa, italiana, dos Países Baixos, sueca e norueguesa. Entretanto, o Parlamento europeu considera que a blasfêmia, enquanto insulto a uma religião, não pode ser erigida em infração penal. Na verdade, seria um recuo da democracia e das liberdades estabelecer pela lei o que pertence ao direito de consciência e da liberdade de expressão.

158

A proibição de representar Maomé só diz respeito, portanto, aos fiéis da comunidade religiosa que compartilha essa convicção. De modo nenhum transgredir um "interdito" religioso pode ser objeto, na França, de uma condenação civil ou penal. Considerar que um ato consiste em blasfêmia depende do grau de intensidade religiosa de uma convicção individual. A justiça da República estaria então submetida à concorrência das ortodoxias religiosas, cabendo a vitória jurídica inevitavelmente à órbita mais radical. A sociedade passaria então, linha por linha, da proibição de representar Deus à de representar seu profeta, depois de representar um membro da comunidade religiosa e, logo, à proibição de representar o rosto das mulheres!?

Contraverdade n. 34

O véu das mulheres é um dos pilares do Islã

Seria errado considerar o véu das mulheres como exclusividade do Islã. Dalil Boubakeur, antigo reitor da grande mesquita de Paris, explicava diante da missão de informação parlamentar sobre a laicidade na escola[115] que, ao contrário das convicções de algumas jovens mulheres muçulmanas, "o uso do véu não é um dos cinco pilares do Islã". Também é um erro reservar o uso do véu pelas mulheres à cultura árabe-muçulmana.

Cobrir o corpo feminino, reduzir sua capacidade de sedução, assinalar seu *status* social ou sua situação – púbere, noiva ou casada – não é exclusividade de nenhuma sociedade e de nenhuma religião. O véu das mulheres é uma tradição que atravessa a maioria das culturas e das religiões, atestada cerca de vinte séculos antes do surgimento do Islã.

A ordem do rei da Assíria Tglat-Pileser I, que reinou de 1115 a 1077 a.C., coloca o véu no centro da preocupação das mulheres: "A mulher casada que sair à rua deverá ter a cabeça coberta [...]. A prostituta não sagrada não portará véu..." Tábulas de argila datando do século XII a.C. indicam, para as mulheres de um certo nível social, a obrigação de usar o véu, sob pena de terem as orelhas cortadas. A prostituta sagrada, identificável pelos cabelos vermelhos no caso do culto de Ishtar, não tem o direito de usar véu. O imperador persa

---

115. Em 8 de outubro de 2003.

Dario impunha às mulheres da corte o uso do véu para mostrar sua condição. Dentro do mesmo espírito, mais de um milênio depois, Maomé exigirá que as mulheres de seu clã baixem seus véus ao saírem de casa, para que seja possível reconhecê-las, ele explica[116]. Não se trata então de dissimular as mulheres em espaço público ou de controlar seu poder de sedução sobre os homens, mas de indicar o *status* social das mulheres da família de Maomé.

Segundo os textos bíblicos, o véu não obedece a uma prescrição divina, mas reflete uma tradição de vestimenta. O das primeiras mulheres do Gênesis, Sara e Rebeca, não tinha a função de dissimular seu rosto ou seus cabelos, uma vez que sua beleza era de conhecimento público. Lembremos o medo de Abraão de ser morto quando os egípcios descobrem que Sara é sua esposa: "Dize, por favor, que és minha irmã", preocupa-se o patriarca quando "os egípcios viram que sua mulher era muito bonita" (Gn 12,14). E, quando Rebeca está para encontrar Isaac, "só então ela puxou o véu e se cobriu" (Gn 24,65), sendo que o autor do texto indica que ela passa, assim, do *status* de moça para o de noiva.

As mulheres da Grécia antiga são frequentemente representadas usando véu. Trata-se às vezes do *pharos*, espécie de manto que se leva à cabeça com uma mão enrolada no tecido. Nessa sociedade a mulher é invisível. De fato, não há cidadã em Atenas, apenas mulheres de Atenas. Elas usam o véu, como a tartaruga de Afrodite levando sua carapaça para poder se mover no mundo masculino. Não é uma questão de sinal de pudor ou de castidade, mas da exclusão das mulheres da vida social reservada aos homens.

No mundo romano, *nubere* significa para uma mulher ao mesmo tempo "se velar" e "se casar". O *flammeum* romano, espécie de xale vermelho alaranjado vivo, é reservado, assim, à noiva. *Nupta*, literalmente "velada", na verdade designa a "esposa". Marcador social, o véu usado pela cidadã romana não é autorizado para as escravas.

O costume de velar mulheres expressa uma significação religiosa no cristianismo primitivo, especialmente seguindo as prescrições de São Paulo no século I e as de Tertuliano, Pai da Igreja do século II.

---

116. Corão 33,53; 33,3.

1Cor 11,2-16 vincula o véu das mulheres à sua relação com Deus. Dezesseis de seus versículos tratam do vestuário das mulheres nas assembleias religiosas. Se uma mulher não põe véu, então ela que raspe os cabelos! O homem, por sua vez, não deve cobrir a cabeça, porque ele é feito à imagem da glória de Deus; quanto à mulher, ela é feita à glória do homem, por isso deve levar "à cabeça um sinal de sujeição". Ou seja, um sinal de submissão e de dependência. Não se conclua disso que São Paulo com esse texto pretende submeter as mulheres através do uso de um véu. Ele esclarece que elas só são obrigadas a cobrir a cabeça nas manifestações religiosas. Significa que, fora, são livres para não usar véu. Essa prática será seguida na França até os anos de 1960, quando ainda era comum as mulheres, ao entrarem na igreja, porém um lenço ou um chapéu na cabeça.

Tertuliano, um século depois de Paulo, escreve um memorável *De virginibus velandis*, "Sobre o véu das virgens". Nenhuma mulher, segundo ele, deve infringir a lei do véu – exceto as meninas não púberes. Ele exorta as jovens, as solteiras, as noivas e as esposas a cobrirem a cabeça: "As mulheres devem a todo tempo, em todo lugar, caminhar impregnadas da lembrança da Lei, prontas e dispostas a toda evocação do nome de Deus. Sua presença no coração delas será vista em suas cabeças"[117].

Um episódio do século IV mostra a severidade com que o uso do véu é considerado no cristianismo nascente. Em 338, Tiago, santo que vivia perto de Nísibis, sentiu-se ofendido pelas risadas de lavadeiras que, além de não desviarem os olhos, não cobriam o rosto à passagem dele. Furioso, ele as amaldiçoou e logo a fonte da aldeia secou e as mulheres tiveram velhice prematura.

Santo Agostinho, no século V, em sua obra *A cidade de Deus*, voltará a falar na necessidade de controlar a capacidade feminina de sedução. As mulheres devem cobrir a cabeça, "a fim de que

---

117. TERTULLIEN. *De virginibus velandis* [Du voile des vierges] [Sobre o véu das virgens]. Du Cerf, 1997.

seus encantos não possam seduzir os anjos e não os façam ceder a amores impudicos"[118].

O véu não é, portanto, o alfa e o ômega do Islã, mas um fóssil cultural, a sobrevivência de um uso comum à maioria das sociedades. Trata-se antes de tudo de uma sinalização social que separa a mulher do homem e que permite distinguir o *status* social de uma mulher com relação a outra, como no versículo 59 da surata 33. Trata-se também de uma separação entre as pessoas, como ocorre no versículo 17 da surata 19, onde designa a cortina "que separa Maria dos seus", ou ainda no versículo 45 da surata 17, sob a forma do "véu espesso" que separa os crentes "dos que não creem na vida futura".

---

118. SAINT AUGUSTIN. *La Cité de Dieu*. Du Seuil, 1994. [Ed. bras: SANTO AGOSTINHO. *A Cidade de Deus*. Petrópolis: Vozes, 2017.]

Contraverdade n. 35

O Islã logo será a primeira religião do mundo

Um estudo realizado em quarenta países mostra que a estimativa da população muçulmana está muito distante da realidade[119]. Na França, por exemplo, as pessoas entrevistadas pensam que a população muçulmana é de 31%, ao passo que na realidade é de cerca de 8%. Elas consideram que em 2020 a população muçulmana representará 40% da população francesa, ou seja, cinco vezes mais do que o número esperado de 8%. Na Itália, a população muçulmana é estimada em 20%, contra os 3,7% na realidade; na Alemanha em 21% contra 5%.

A expressão do Islã não representa o nível de ajuste do pluralismo cultural, mas um elemento entre outros de uma alteração global concernente ao conjunto das religiões através das regiões do mundo.

Simplificações psicológicas, às vezes preconceitos, inspiram essas estimativas. Percepção do Islã devido à sua visibilidade midiática e, também, a seu simbolismo religioso e a determinadas práticas coletivas. O Islã está submetido à derivação de uma minoria violenta, em ruptura com os princípios sociais contemporâneos. Atraindo assim todas as atenções, dá a impressão de ser o grupo religioso mais importante. Esse não é o caso.

Embora essa religião seja atravessada por inúmeras correntes e culturas diferentes, embora as diversas comunidades muçulmanas

---

119. INSTITUTO IPSOS MORI. *Os perigos da percepção*, dez./2016.

se confrontem há séculos em várias regiões, o Islã é erroneamente percebido como um bloco monolítico. No entanto, a Umma, nação internacional do Islã, sonhada pelos movimentos mais fundamentalistas, não existe. O Islã é atravessado por uma diversidade de movimentos religiosos que se opõem e se acusam de heresia, ao passo que outros, em certas regiões, estão em vias de secularização. É uma fragmentação que deverá ser levada em conta na avaliação da demografia do Islã.

Hoje, o Islã, em sua diversidade religiosa, conta 1,6 bilhão de fiéis que invocam a palavra do Corão. Isso coloca a religião do Profeta Maomé em segunda posição atrás do cristianismo, que conta atualmente cerca de 2,2 bilhões de crentes.

A Europa, de acordo com estimativas feitas em 2016 pelo Pew Research Center, tem 4,9% de muçulmanos e 74,5% de cristãos; a França, 63% de cristãos e 8,8% de muçulmanos.

Seria arriscado querer predizer a proporção que a população de uma religião representará até 2050. É simplesmente impossível estabelecer projeções em função de circunstâncias mutáveis, como por exemplo o ritmo das migrações. Por exemplo, se a imigração para a Europa fosse nula de hoje até 2050, a população muçulmana poderia passar de 4,9% para 7,4% da população europeia. Num segundo cenário, se o fluxo migratório se regulasse até 2050, a população muçulmana atingiria 11,2% da população europeia. Finalmente, se o fluxo migratório entre 2014 e 2016 continuasse na mesma proporção até 2050, a população muçulmana chegaria a 14%.

Em nenhum desses casos vemos uma explosão da população muçulmana na Europa. Além do mais, essas projeções não levam em conta a evolução da secularização, o progresso da igualdade mulheres-homens, portanto a evolução da fecundidade das mulheres, e a participação do patrimônio religioso na identificação de um indivíduo.

Numa projeção para 2050, supostamente a população global do Islã aumentaria em 73%, com 2,76 bilhões de fiéis. Esse crescimento seria particularmente marcante na África Subsaariana, passando de uma taxa de 15,5% da população para 24,30%. O cristianismo presumivelmente aumentaria em 35%, com uma população de 2,9 bilhões de pessoas que recorrem aos evangelhos.

Em 2050, a Europa terá – numa média dos três cenários – 10,86% de muçulmanos e 65,2% de cristãos. A população muçulmana na França alcançará uma média de 16% da população francesa, ao passo que o cristianismo recuará para 43,1%.

Se as tendências demográficas continuarem nesse ritmo, a população mundial do Islã se igualará à do cristianismo em 2070.

A questão que se deve colocar não é tanto a da demografia, mas a da diversidade das populações muçulmanas e a da intensidade da prática religiosa em seu modo de vida. Trata-se também de fazer uma estimativa da evolução social e econômica dos principais países de emigração regular para a Europa: Marrocos, Paquistão, Bangladesh, Líbia, Irã, Jordânia, Argélia, Senegal, Somália e Índia.

A resposta a essas questões está na capacidade de secularização de um sistema religioso.

Enquanto atualmente a população de ateus no mundo é de 16,4%, ela deveria cair para 13,2% em 2050, mas continuar a crescer na Europa e na América do Norte. Em 2070, qual terá sido a importância da secularização dos fiéis do Islã e, também, do conjunto das religiões concorrentes? Isso depende, evidentemente, da capacidade de nossos sistemas educacionais de incrementarem o espírito crítico e o nível de conhecimento das próximas gerações...! Qualquer evolução demográfica e cultural de uma religião reside hoje no *status* das mulheres, em seu nível de educação, de independência econômica, de igualdade real, social, familiar e profissional, e na capacidade das sociedades de criarem as condições de uma mesclagem mulheres-homens no espaço público.

166

Contraverdade n. 36
Todos os terroristas são muçulmanos

É fato que o terrorismo contemporâneo é percebido como sendo antes de tudo obra de mulheres e de homens de confissão muçulmana, dos quais cerca de um quarto de conversos. Isso não permite, certamente, estender uma espécie de princípio de precaução com relação a todos os muçulmanos. Um terrorista é antes de tudo um assassino. Pouco importa o adjetivo que ele atribua à sua ação para justificar seus assassinatos. Um terrorista só compromete a si mesmo.

Not in my name!, clamam os opositores de confissão muçulmana diante das exações realizadas em nome do Daesh ou Estado Islâmico.

Portanto, não vamos cometer um erro de julgamento igual ao que, durante a Segunda Guerra Mundial, levou os Estados Unidos a prender os cidadãos americanos de origem japonesa como reação ao ataque de 1942 a Pearl Harbor – evidentemente, uma negação de democracia! Mais de 100 mil civis foram assim deportados com base em preconceitos raciais, entre eles George Takei, o Tenente Hikaru Sulu de *Star Trek*, ou ainda Pat Morita, o herói de *Happy days* e *Karate Kid*. Também será preciso lembrar que, embora todos os nazistas fossem cristãos – sendo que seus uniformes ostentavam um "*Gott mit uns*" inspirado no livro bíblico do Deuteronômio, "Deus está conosco" –, o cristianismo não é nazista?

O termo *terrorismo* é atestado na França já em 1794. Designa então a doutrina dos partidários do terror, engajados numa luta violenta que os opunha aos contrarrevolucionários. A maioria das regiões do mundo padeceu assim, através dos séculos, diferentes formas dessa covarde guerrilha encarnada pelo terrorismo. Atacar pessoas sem defesa, inclusive crianças, nunca engrandece a causa dos que perpetuam uma violência bárbara. Esses crimes são contrários aos direitos da guerra e incompatíveis com os direitos do ser humano. São ilegais e, para alguns, mereceriam ser classificados na categoria dos crimes contra a humanidade e, assim, ser julgados imprescritíveis.

O Conselho da União Europeia avaliou as organizações de caráter terrorista em função de suas motivações. Hoje, um terço dos movimentos classificados como "terroristas" invoca uma tradição provinda do Islã. Os dois outros terços são concernentes a movimentos políticos e ideológicos, anarquistas, marxistas ou independentistas.

A partir de 1990 o terrorismo islamita ocupou espaço cada vez maior no palco internacional. Sua justificativa de dar uma resposta ao conflito israelense-palestino já não é cabível. Em sua maioria, as vítimas desses ataques são, na verdade, muçulmanos. Nem mesquita nem escola são poupadas, da Turquia ao Egito, passando pelo Paquistão, pela Indonésia ou ainda pelo Iraque e, recentemente, pela Síria.

Em 1962, Raymond Aron advertida que "os efeitos psicológicos do terrorismo [eram] desproporcionais aos resultados puramente físicos"[120]. É o que ocorre hoje. O objetivo principal dos ataques terroristas na França a partir de 1995 não é destruir vias de comunicação, casernas e arsenais de guerra, mas provocar a suspeição de uma parte da nação francesa em relação a seus cidadãos muçulmanos. De fato, a França é exemplo de integração das populações de confissão muçulmana num país pluralista e laico. É aqui que está se formando um Islã ocidental. É aqui, portanto, que o terrorismo islamita espera provocar um processo de desintegração social que começa por separar as mulheres da sociedade dos homens, separar a sorte dos franceses de confissão judia da sorte da coletividade, separar mu-

---

120. ARON, R. *Paix et guerre entre les nations*. Calmann-Lévy, 1962, p. 176. [Ed. bras: *Paz e guerra entre as nações*. São Paulo: Imprensa Oficial, 2002.]

çulmanos de cristãos, e, finalmente, por dar o golpe de misericórdia criando um verdadeiro *apartheid* entre crentes e descrentes. Restaria então catar as migalhas de uma sociedade exangue. Trata-se, na verdade, de ruptura social. Nossa sociedade moderna se constrói com base na esperança – ao mesmo tempo profética e muito kantiana – de que a humanidade esteja em perpétuo progresso moral, ao passo que os integrismos, seus pregadores e seus braços armados, pensam, ao contrário, que ela está em perpétua regressão. São fronteiras morais e sociais que certos movimentos pietistas, fundamentalistas e outros adversários do modernismo, da igualdade e da laicidade querem traçar. A seus olhos, nenhuma autoridade não ancestral é legítima. Nem a de seus pares nem a da República. Ultraminorias, na verdade, e também ultra-ativas, que Voltaire já chamava, há quase três séculos, de "filhos desnaturados da religião".

Contraverdade n. 37

Allahu Akbar! é um grito de guerra

Há muitos significados da expressão *Allahu Akbar!* (Alá é o maior!) Sinal de devoção segundo alguns, para outros invocação de uma supremacia do Deus do Islã sobre as outras crenças, para outros ainda apelo à oração ou grito de guerra. Essa dualidade expressa, na realidade, a clivagem entre duas visões inconciliáveis do Islã.

Atacando os jornalistas do *Charlie Hebdo* em janeiro de 2015, os assassinos gritaram *Allahu Akbar!* Em Marseille, aquele que atingiu duas moças em outubro de 2017 anunciou seu ato assassino gritando *Allahu Akbar!* Na mesma data, avançando sobre passantes inofensivos na Times Square, em Nova York, o motorista barbeiro também teria gritado *Allahu Akbar!* Também o fez o motorista de uma picape no mês seguinte, que atropelou ciclistas ao longo do Hudson River, no sul de Manhattan. Em Marseille, um rapaz foi condenado a 1 ano de prisão por ter gritado *Allahu Akbar!* e imitado um degolamento diante de uma delegacia de polícia.

O lema *Allahu Akbar!* é, então, indissociável do terrorismo islamita. É uma lástima, mas por enquanto é uma realidade. Esta é decerto a maior vitória desses partidários do mal sobre o bem: ter conseguido apropriar-se de uma das mais belas expressões do Corão para reduzi-la a uma identificação de guerra. Acaso satã não designa o "adversário" no pensamento bíblico?

Os terroristas que gritam *Allahu Akbar!* em seus ataques alegam uma tradição do Islã que remonta ao tempo do Profeta Maomé, mas que nem por isso reflete todos os sentidos desse lema.

Apropriando-se dessa expressão ancestral, eles fazem refém a religião que assumem. Mas, também, marcam sem querer a fronteira entre duas visões do Islã: uma visão arcaica que busca a supremacia do Islã e dos crentes autênticos, que eles dizem representar, e uma outra, espiritual, compatível com uma sociedade pluralista e laica.

A expressão *Allahu Akbar!* (Alá é o maior!") é equivalente ao mandamento bíblico "Não terás outro deus diante de mim". A denominação do Deus bíblico, YHWH, traduz-se de fato por "Eu Sou Aquele que É", por oposição a todas as outras divindades que – elas – não existem. "Alá é o maior" é uma proclamação dirigida aos idólatras e sua multidão de falsas divindades que só existem por suas representações.

O lema *Allahu Akbar!* é pronunciado em muitas circunstâncias, por ocasião das chamadas à oração pelo muezim, depois no início de cada unidade de oração. Essa expressão pode tanto expressar a alegria quando um jogador de futebol marca um gol decisivo como ser utilizada em situação de aflição. Louvor ou piedade pelos que não têm teto, ela sublinha a grandeza de Deus.

Não, *Allahu Akbar!* não é um grito de guerra.

Seu símbolo foi desviado pelos movimentos islâmicos que procuram encerrar os muçulmanos em sua visão arcaica do Islã, minoritários no Ocidente, mas muito atuantes. Para recuperar a autenticidade de sua religião, protestar não será suficiente, sem dúvida. Será preciso também reinventar um vocabulário contemporâneo, estabelecer uma ritualização distintiva e selecionar as interpretações de seus textos sagrados. Trata-se de reivindicar claramente um direito de inventário, como ocorreu no passado com outras religiões, o judaísmo após a queda do Templo de Jerusalém em 70 ou ainda o cristianismo após a cisão entre Roma e as Igrejas do Oriente e por ocasião da emergência do protestantismo.

Contraverdade n. 38
O salafismo é o Islã devoto
de referência

Com cerca de 50 milhões de fiéis no mundo, sendo metade na Índia, 5 milhões no Egito e cerca de 50 mil no Magreb, o salafismo é um movimento muito minoritário de um Islã que conta perto de 1,6 bilhão de fiéis. A Europa abrigaria 30 mil a 45 mil salafistas, com um quarto de conversos, dos quais 10 mil a 15 mil na França.

O salafismo é um movimento sunita surgido no século XVIII, ou seja, um milênio depois da emergência do Islã, mas que só alçou voo político-midiático no século XX, o que faz dele um movimento ideológico contemporâneo, adaptado às circunstâncias instáveis de nossas sociedades, a suas realidades sociais e políticas. Não se trata, portanto, de uma espécie de fóssil cultural, descoberto por acaso num museu religioso e que revelaria uma verdade oculta, mas de um movimento moderno, ancorado no passado e com os olhos fixados num futuro incompatível com uma sociedade pluralista e laica, e inconciliável com a prática religiosa e o modo de vida de mais de 90% dos muçulmanos.

Em intenso progresso, no entanto, esse movimento sem dúvida é, junto com o dos Irmãos muçulmanos, o mais ativo e também o mais midiatizado. Uma supermidiatização que atua como agente recrutador, inspirando a maioria das pessoas radicalizadas. Infiltrando-se nas camadas sociais mais frágeis, ele seduz antes de tudo os jovens, incertos de seu lugar na sociedade e que procuram uma identidade que dê sentido a sua existência.

Para essas pessoas em busca de legitimidade social, o salafismo parece representar o Islã "verdadeiro", o das origens, o mais próximo do estilo de vida do Profeta Maomé e de seus companheiros no século VII. Mas será esse de fato o caso?

O movimento salafista não nasceu em oposição aos cristãos, mas por volta de 1740, por impulso do pregador Ibn Abd al-Wahhab, que militava para restaurar o Islã sunita árabe, que ele julgava pervertido pelo ocupante otomano. Inspirado pelo pensamento hanbalita – fundado pelo Imame Ibn Hanbal (780-855) no século IX, que preconiza uma leitura literalista dos versículos corânicos e da tradição profética e condena qualquer inovação –, Al-Wahhab pretende purificar o Islã e milita pela volta ao rigor das origens, o "caminho dos Pais", contra todo modernismo. O movimento religioso, que se refere antes de tudo aos *salaf al-salih*, ou seja, à devoção dos ancestrais, companheiros do profeta, pais legendários das origens do Islã, desenvolve uma dimensão política quando, em 1744, Al-Wahhab faz aliança com Ibn Saud, chefe guerreiro. Esse pacto dará origem, dois séculos depois, à Arábia Saudita, cuja doutrina religiosa é engajada na propagação da fé wahhabita.

Hoje, o equívoco diz que o islamismo, representado no mais das vezes pelo salafismo, está em guerra com o Ocidente. Não é exatamente isso. O islamismo tem como alvo em primeiro lugar os muçulmanos acusados de apostasia depois de escolher um modo de vida ocidental: democracia, laicidade, liberdade, igualdade homens-mulheres, mesclagem e pluralismo cultural – inclusive nos países ditos "muçulmanos".

O objetivo é expurgar cada muçulmano do descrente nele adormecido. Para isso, antes de tudo é indispensável isolar o fiel extraviado, a fim de libertá-lo da armadilha representada pelo modo de vida da população de acolhimento. O salafismo pretende assim preencher o vazio deixado por um Ocidente em decadência. Coloca um Deus forte no lugar em que a democracia parece enfraquecida por seus próprios princípios. É preciso dividir a sociedade, começando por separar as mulheres dos homens, a fim de separar melhor os muçulmanos do resto da nação, diferenciar os crentes dos não crentes, depois os religiosos dos descrentes.

O movimento salafista não é homogêneo, mas atravessado por três escolas de pensamento, complementares. A primeira corrente, pietista, *salafiyya da'wiyya*, evita o engajamento político. Os fiéis desse salafismo quietista, qualificados de pacifistas, inspirados aliás por imames próximos do regime saudita, representam a maioria do movimento. Vivem afastados da sociedade, mas agem sobre ela tentando desenvolver sua influência na esperança de um retorno idealizado para um país muçulmano.

A segunda corrente, *salafiyya harakiyya*, assume um comprometimento político visando purificar concretamente a prática do Islã. Esse salafismo reformista, inspirado principalmente pelos Irmãos muçulmanos do Egito, atua para modificar as instituições políticas a fim de conformá-las às leis religiosas e para alterar as linhas sociais de acordo com o modelo de vida dos "piedosos predecessores" (*salaf salah*).

O terceiro ramo, *salafiyya jihadiyya*, inscreve-se numa lógica djihadista. O recurso à violência faz parte do seu projeto. Esse salafismo djihadista, uma minoria, está ganhando cada vez mais visibilidade ao ritmo das ações violentas que pretende angariar, graças principalmente a uma supermidiatização, seu melhor trunfo para o recrutamento de novos adeptos.

Cada uma dessas correntes evolui em sua própria esfera. Todas operam dentro da mesma esperança de uma volta ao "Islã das origens". Convencidas de que o mundo inteiro está destinado a se tornar muçulmano, consideram que purificar o Islã das "inovações ímpias" que o pervertem é a etapa essencial para o retorno messiânico de Isa (Jesus). Em desacordo quanto à ação a ser empreendida, os três movimentos se adaptam aos diversos contextos sociais e políticos de seu entorno. Dois deles não são fonte das violências, mas seu discurso teológico pode ser desviado para legitimar atos de violência.

O salafismo se acredita depositário da herança islâmica. Sua prioridade não é contrapor-se aos judeus ou aos cristãos, mas levar de volta ao bom caminho os muçulmanos perdidos em sociedades pluralistas ou, pior, laicas! O pensamento salafista recusa a mesclagem, não reconhece a liberdade de consciência e separa as pessoas, segundo seu comportamento, em "puros" e "impuros", "lícitos" e "ilícitos", "crentes verdadeiros" e "descrentes". Ele rejeita as interpretações modernistas do Corão, tem esperança na fusão do Estado com o culto, e crê no dogma de um Corão incriado, descido diretamente de Deus para os homens sem intervenção humana. Segundo essa doutrina, só haveria, portanto, uma única interpretação religiosa legítima de um versículo corânico. No entanto, o versículo 106 da surata 2 lembra que Alá pode ab-rogar um versículo e, quando "fazemos com que seja esquecido, substituí-lo por outro melhor ou semelhante".

O pensamento salafista tem por missão reislamizar as populações muçulmanas, numa prática rigorista de sua religião. É urgente, na visão de seus fiéis, instaurar a xaria no interior das comunidades do Islã, onde quer que se encontrem. Uma maneira de isolar os cidadãos de confissão muçulmana do resto da nação para melhor os acolher no caminho dos piedosos dos séculos VIII-IX. Radicalizar indivíduos desse modo, e geralmente os mais jovens, mais instáveis e frágeis, é desenraizar. O movimento oferece então ao crente uma nova família, desta vez mais inteira, mais bem soldada, um novo projeto de vida e uma promessa inédita de paraíso.

O salafismo, sem dúvida, não é uma seita, mas funciona como tal.

Contraverdade n. 39

As orações de rua são ilegais

Em 1795, o decreto da lei de separação entre a Igreja e o Estado de 1794 proíbe toda manifestação religiosa em via pública, procissões religiosas e porte da sotaina fora das igrejas. Procedimento político e não filosófico, uma vez que se tratava de amordaçar os opositores da revolução, cuja ponta de lança era a Igreja Católica.

Hoje, o artigo 10 da declaração dos direitos do homem e do cidadão de 1789, que figura no preâmbulo da Constituição, define que "ninguém deve ser perturbado por suas opiniões, mesmo religiosas". No entanto, reunir-se para orar em via pública não é considerada, na França, uma liberdade fundamental. É verdade que o direito às manifestações religiosas fora dos lugares de culto é reafirmado pela jurisprudência administrativa, mas não se trata de um direito absoluto.

Há uma distinção a ser feita entre as cerimônias religiosas ditas "tradicionais", especialmente por sua antiguidade ou seu vínculo com celebrações regulares, e outras não tradicionais, como as orações de rua, inclusive no interior de tendas que, por sua vez, devem previamente passar por um procedimento de declaração junto da prefeitura e receber autorização de manifestar.

Em novembro de 2017, as orações de rua em Clichy-la-Garenne, que tinham suscitado a mobilização de eleitos de Ile-de-France, tinham de fato acabado por ser proibidas pela prefeitura do Departamento de Hautes-de-Seine, destacando a perturbação da ordem pública, o bloqueio da circulação e o efeito prejudicial causado ao comércio dos arredores.

O ato de orar na rua não é ilegal na França, porém na Argélia é formalmente proibido em locais públicos, inclusive nas proximidades das mesquitas, desde 19 de julho de 2010. Na Tunísia, "a ocupação da via pública para realização da oração é proibida fora dos lugares de culto", anunciou o ministério do Interior em 7 de abril de 2011.

Lembremos que orar fora de um local de culto não é exclusividade do Islã. No século I, o Evangelho Segundo Mateus critica os que gostam de "rezar nas esquinas das praças para serem vistos pelos outros" e recomenda que, para rezar, "entra no teu quarto, fecha a porta, [...] o Pai, que vê no oculto, te dará a recompensa" (6,5-6).

No início da era cristã, nos séculos IV e V, no Império Romano, não era raro que grupos de monges realizassem nos povoados ainda pagãos orações regulares e audíveis até que obtivessem a edificação de uma igreja. Santo Abraão[121] é conhecido por ter enfurecido os habitantes de um povoado perto de Emesa, na Síria, onde, fazendo-se passar por mercador, regularmente passava algum tempo. Imperturbável, o monge proferia orações matinais em plena rua, cada vez em tom mais alto, até conseguir que os habitantes construíssem uma igreja e financiassem um padre para realizar os ofícios.

Quem esqueceu os fiéis de Krishna vestidos com dotins e sáris brancos ou cor de açafrão, os homens de cabeça raspada, cantando nas ruas de Paris, 1.728 vezes por dia, o mantra "Hare Krishna, Hare Krishna, Krishna, Krishna, Hare, Hare, Hare Rama, Hare Rama, Rama, Rama, Hare, Hare", ao ritmo dos sinos cultuais e da guitarra de George Harrison? A Jornada Internacional do Yoga sobre a diversidade religiosa na Índia, em 2015, reuniu em Delhi 35 mil pessoas em posição de lótus: em comparação, as orações de rua em Clichy dão a impressão de uma reunião confidencial...!

---

121. Eremita e sacerdote [N.E.].

Contraverdade n. 40
O Islã é incompatível com a laicidade

Hoje supõe-se – erroneamente – que o Islã seja incompatível com o princípio francês de laicidade. Quem repete essa afirmação só faz amplificar o discurso dos movimentos mais fundamentalistas – como o salafismo – que, alegando uma sujeição da lei da República à lei religiosa, têm a esperança de obter a cisão dos franceses de confissão muçulmana para impor no seio de sua comunidade uma forma de teocracia.

Na realidade, o Islã, como todas as religiões, pode adaptar-se ao pluralismo religioso imposto pela mundialização e pela desterritorialização das culturas. O mundo muçulmano conheceu em sua história períodos de separação entre o poder político e o poder religioso. O termo *'ilmaniyya*, que separa a religião como fé da religião como ideologia política, aparece no século XIX na esteira do "Renascimento árabe", a *Nahda*, "o poder e a força".

Num Império Otomano enfraquecido, esse movimento reformador atuava por uma liberdade literária, política, cultural e religiosa, pela introdução da racionalidade na interpretação dos textos religiosos e pelo desenvolvimento de uma legislação não religiosa. Os partidários da *Nahda* consideram a religião uma crença pessoal reservada à esfera privada, e a política como pertencente à esfera pública: "A religião é assunto de Deus e a pátria concerne a todos nós", anunciam. Rapidamente, a palavra *nahda* será deturpada e alimentará tanto o salafismo e a ação política dos Irmãos muçulmanos como a aceitação de uma forma de laicidade compatível com os valores do Islã. Esse "Renascimento" seguirá então dois caminhos: um será islâmico, o outro será laico. Uma dinâmica contraditória, decerto, mas que indica que o mundo muçulmano pode secularizar-se sem por isso renunciar aos valores do Islã.

Os efeitos da globalização sobre as religiões não suscitam um aumento da espiritualidade, mas uma inflamação das identidades. Essa recomposição da identidade não expressa necessariamente uma forma de ortodoxia religiosa e tem no princípio de laicidade um quadro que garante a liberdade de um estilo de vida inscrevendo-se, ao mesmo tempo, num destino coletivo.

A convicção de que uma religião detém a exclusividade da "Verdade" se dissolve com a mundialização das culturas: 86% dos budistas, 83% dos protestantes, 82% dos judeus, 79% dos católicos, 57% dos fiéis às Igrejas protestantes, e 56% dos muçulmanos consideram que religiões diferentes podem levar à vida eterna. Nesse universo recentemente partilhado, 90% dos budistas, 89% dos judeus, 77% dos católicos e 60% dos muçulmanos consideram que há mais de uma maneira de interpretar sua religião[122].

A secularização passa especialmente por um consumo identitário. Aproximadamente 69% dos muçulmanos nos Estados Unidos[123] e 60% dos muçulmanos na França[124] levam sua vida espiritual sem frequentar mesquita, mas pelo desenvolvimento de um mercado global de modo de vida e de consumo de caráter identitário. Se 91% dos

---

122. PEW RESEARCH CENTER. *Religions & Public Life Project* [Projeto Religiões e Vida Pública], 2015.

123. PEW RESEARCH CENTER. *Religious Beliefs and Practices, Survey of US Muslims* [Crenças e práticas religiosas, levantamento de muçulmanos dos Estados Unidos], 2017.

124. EL KAROUI, H. *Un islam français est possible* [Um islã francês é possível]. Institut Montaigne; relatório, set./2016.

que vão à mesquita consomem *halal*[125], 44% dos que se declaram muçulmanos adotam o mesmo modo de consumo, fora, no entanto, de toda prática religiosa[126]. O Islã, como todas as religiões, é compatível com o princípio de laicidade e capaz de adaptar seu patrimônio religioso a um entorno pluralista.

---

125. Refere-se a comportamentos e produtos, como roupas e alimentos, adequados às prescrições e ritos da religião islâmica [N.T.].

126. INSTITUT FRANÇAIS D'OPINION PUBLIQUE (Ifop). *Pratiques et jugements de la population d'origine musulmane sur les produits halal en France* [Práticas e julgamentos da população de origem muçulmana sobre os produtos *halal* na França], 2010.